ERSTE AUSGABE - Veröffentlicht 2022

Extra Grafikmaterial von: www.freepik.com
Dank an: Alekksall, Starline, Pch.vector, Rawpixel.com, Vectorpocket, Dgim-studio, Upklyak, Macrovector, Stockgiu, Pikisuperstar & Freepik.com Designers

Kostenlose Online-Spiele Entdecken

Hier Erhältlich:

BestActivityBooks.com/FREEGAMES

5 TIPPS FÜR DEN ANFANG!

1) LÖSUNG DER RÄTSEL

Die Puzzles haben ein klassisches Format :

- Die Wörter sind ohne Abstand, Bindetrich usw… versteckt
- Richtung : vor-& rückwärts, auf & ab oder in der Diagonale (beider Richtungen)
- Die Wörter können übereinanderliegen oder sich kreuzen

2) AKTIVES LERNEN

Neben jedem Wort ist ein Abstand vorgesehen zum Aufschreiben der Übersetzung. Um ihre Kenntnisse zu überprüfen und zu erweitern befindet sich am Ende des Buches ein **WÖRTERBUCH**. Suchen sie die Übersetzungen, schreiben sie sie auf, dann können sie sie in den. Puzzles suchen und ihrem Wortschatz hinzufügen.

3) ANZEICHNUNG DER WÖRTER

Haben sie schon einmal versucht eine Anzeichnung zu verwenden? Sie könnten zum Beispiel die Wörter, die schwer zu finden sind, ankreuzen, die Wörter, die sie lieben, mit einem Stern, neue Wörter mit einem Dreieck, seltene Wörter mit einem Diamant usw … anzeichnen

4) IHR LERNEN ORGANISIEREN

Am Ende dieser Ausgabe bieten wir auch ein praktisches **NOTIZBUCH**
an. Ob im Urlaub, auf Reisen oder zu Hause, sie können ihr neues Wissen
ganz einfach organisieren, ohne ein zweites Notizbuch zu benötigen!

5) SIND SIE AM SCHLUSS ?

Gehen sie zum Bonusbereich : **MONSTER-HERAUSFÖRDERUNG,**
um ein kostenloses Spiel zu finden, das am Ende dieser Ausgabe
angeboten wird !

Lust auf mehr Spaß und **Lernaktivitäten?** **Schnell und einfach :**
eine ganze Spielbuchsammlung mit einem einzigen Klick erhaltbar :

Mit diesem Link finden sie ihre nächste Herausforderung :

BestActivityBooks.com/MeineNachsteWortsuche

Achtung, fertig, ... Los !!

Wussten sie, dass es auf der Welt ungefähr 7.000 verschiedene Sprachen gibt ? Wörter sind kostbar.

Wie lieben Sprachen und haben schwer daran gearbeitet, die Bücher von höchster Qualität für sie zu entwerfen. Unsere Zutaten ?

Eine Auswahl von angepassten Lernthemen, drei große Scheiben Spaß, dann fügen wir einen Löffel schwieriger Wörter und eine Prise seltener Wörter hinzu. Wir servieren sie mit Sorgfalt und ein Maximum an Freude, damit sie die besten Wortspiele lösen und Spaß am Lernen haben.

Ihre Meinung ist wichtig. Sie können aktiv zum Erfolg dieses Buches beitragen, indem sie uns eine Bemerkung hinterlassen. Sagen sie uns, was ihnen an dieser Ausgabe am besten gefallen hat !!

Hier ist ein kurzer Link, der sie zu ihrer Bewertungsseite führt

BestBooksActivity.com/Rezension50

Vielen Dank für ihre Hilfe und viel Spaß

Linguas Classics

1 - Gesundheit und Wellness #2

غ	ك	ف	ف	ة	و	ث	ا	ر	ر	و	ل	ا	م	ل	ع	ر
ص	ح	ل	ك	ل	ز	ي	غ	ض	غ	ط	ا	ز	ت	د	ل	ي	ك
ح	ف	ا	ن	ذ	خ	ى	ا	ع	ع	ئ	خ	ا	ح	ح	خ
غ	ل	س	ح	غ	ص	ع	خ	د	م	ض	ض	س	ص	د
ق	ط	ن	ش	ت	ج	ش	و	م	ؤ	ا	و	ش	م	ف
ذ	ر	ظ	س	ي	ش	ل	ف	ش	ى	ت	ف	ح	ع	ذ
خ	ا	ا	ذ	د	إ	ي	ا	ة	ع	ي	س	ا	ح
ى	و	ف	ش	ى	ن	ت	ش	آ	ؤ	ي	ج	غ	ؤ
ف	ؤ	ة	ي	ص	ى	ا	ة	م	خ	ة	ت	ئ	ج
ش	ه	ي	ة	ع	م	ز	ؤ	ذ	آ	ب	ش	ا	ش
ت	ى	م	ق	ف	ح	ي	ؤ	ى	ب	إ	ل	ح	إ
س	ؤ	ح	ا	ج	د	ن	ع	ل	ف	ق	ة	و	ذ	ك
م	ا	ا	ط	ؤ	ي	م	ط	م	ر	ئ	ت	إ	د
إ	و	ن	ز	ر	ي	ش	ت	ن	ز	و	ع	ج	ث	ذ	ؤ
إ	ط	غ	س	ك	ض	آ	ق	ف	س	ؤ	م	و	ن

النظافة	حساسية
عدوى	تشريح
مستشفى	شهية
مرض	دم
تدليك	حمية
المخاطر	طاقة
نوم	تغذية
رياضات	علم الوراثة
ضغط	صحي
فيتامين	وزن

2 - Ozean

ؤ	ؤ	ط	ظ	ج	ئ	ع	ئ	ق	ف	ت	ا	د	أ
س	ر	ط	ا	ن	ا	س	ش	م	ظ	س	و	ل	ا	خ
إ	ؤ	ل	ص	ف	و	ب	س	و	ة	ر	د	م	ن	ط
ف	س	د	و	ل	ف	ي	ن	م	ة	ر	د	ط	ب	ب
ظ	ن	ف	ج	ب	غ	ئ	ا	ك	ق	ع	ي	و	ح	و
ج	ق	ا	ن	ؤ	ن	س	ز	ج	ع	ف	ر	ح	ا	ا	ط
ي	ظ	ف	ف	ج	ط	ف	ر	د	ع	ح	ش	ل	ل	ق
ز	ظ	ف	ا	و	م	م	ت	ز	ب	ب	ج	ا	ر
ا	ث	ع	ش	و	ؤ	ة	ل	ج	ك	ذ	ز	ز	ة	ر
ا	د	ف	ا	ظ	ن	ا	ل	ر	ا	ذ	ر	ك	ب
ن	س	ب	ك	أ	ت	ح	ذ	د	ز	ل	ا	ي	و	ذ	ح
ح	و	ت	ظ	خ	ج	ج	ر	ف	ي	ع	م	ذ	ر
م	ل	ح	غ	ط	آ	ؤ	ر	ف	د	ل	ح	ث	ر
ع	ا	ص	ف	ا	ف	ح	ل	س	ن	ئ	ا	ب	ر
ث	ب	ا	ن	م	ش	ظ	د	ث	ق	ز	ر	ز	ج

ثعبان	سرطان
الطحالب	أخطبوط
محار	قنديل البحر
قارب	ملح
دولفين	سلحفاة
سمك	إسفنج
جمبري	عاصفة
المد والجزر	تونة
قرش	حوت
المرجان	أمواج

3 - Krankheit

ك	ت	ا	خ	ع	ظ	ا	م	ز	ظ	ا	ل	د	غ	س
و	د	ل	ف	ذ	ظ	ا	ت	ك	ح	ة	ؤ	ر	ة	غ
ر	ب	ع	ة	إ	ث	ل	ي	ص	و	م	ت	ي	ؤ
ا	ت	ن	ذ	ر	ة	ا	س	ئ	ز	إ	ظ	س	ص
ث	ش	ف	ح	إ	ؤ	ش	ز	ف	م	ذ	ذ	ق	ا	ذ
ي	ر	ي	ة	ج	ع	ذ	م	ن	ؤ	ك	ن	ب	س	ب
ط	ئ	ة	ي	ك	ع	ح	ت	ش	ف	ظ	ث	ح	ك
ص	و	ج	ة	ث	ح	ص	ل	ا	ؤ	ن	ط	ب	ل	ا
ا	ي	ا	ا	ئ	ى	ن	ة	ن	ا	ص	ح	ل	ا	ش
س	ث	ل	ر	ا	ش	غ	ض	ن	ذ	ب	د	ي	د	ش
ث	ظ	ع	و	ي	خ	ق	ا	ظ	ب	ك	ن	ح	ؤ	ق
م	م	ا	ل	ج	ل	ي	ف	ع	ض	ت	ث	ت	آ	م
ظ	ؤ	ذ	ا	آ	ب	ض	آ	ل	ن	ب	د	ن	ع	آ
ف	ج	ي	آ	ك	ن	م	ض	ر	ى	ر	د	د	و	ض
ل	إ	آ	ذ	ب	ا	ه	ت	ل	ا	ي	ت	ط	ض

الصحة	البطن
قلب	شديد
الحصانة	الحساسية
عظام	معدي
جثة	تنفسي
رئوي	بكتيري
ضعيف	مزمن
متلازمة	التهاب
علاج	وراثي
العافية	الوراثية

4 - Meditation

ا ن خ ث ش س ق ا ط ث ن ق ة ف ز
د ل ل ر ح ب ظ ل د د ل ظ ج ب ت ظ
ة ص ق ل ش ك ر ر ا ف ك أ ب خ و ة
م ع ف ط ن ش ص م ي ل ا ت ع ل
ح ح ر ك ة ف ل ت ي ع م و م ط ف
ز ج ذ خ ب ك ز س ط ب ض خ م ز
ط ا ن ت ب ا ه ع ب م د و ك س ط
إ ز د ط ح ق ص ا ل و ح ش ت إ
ط ب ث ظ د ب ئ ع ز س م ش ي ط
ج ب ي ن آ ى م ة ة ل ص م ت ق ج
خ ش ك ظ ع ق ل ي و ض ش ا ح ئ ظ خ
ذ ب ب د ة ق ئ م ى ج ح ط ز ص ئ
ز ه ح ن د س و ز ط ق ي ج آ ذ ت ز
و ئ ذ ث ر و ظ ن ل ا ت ض ع ئ ة و
س غ ب غ ض م ن ى ز ة أ ا ت غ س

قبول   تعاليم
انتباه   ليتعلم
حركة   عطف
شكر   موسيقى
اللطف   طبيعة
سلام   المنظور
أفكار   هدوء
عقلي   الصمت
سعادة   عقل
وضوح   مستيقظ

5 - Archäologie

ن	ا	ح	آ	ب	آ	ش	ع	ظ	ن	م	آ	ئ	ا	ص
ب	ق	ا	ي	ا	ا	ط	ق	ة	س	ق	ز	ي	ى	ظ
ش	ة	ع	و	ج	ق	ح	ت	ق	ي	ي	م	ل	غ	ز
غ	ب	ص	ى	ض	د	ى	ث	ت	ل	ا	ص	ي	ز	ف
ف	و	ر	ع	م	ر	ي	غ	إ	ة	ش	ظ	ل	آ	ص
ة	ت	ن	ر	ظ	ب	ق	ط	ى	ث آ	ع	س	ي	ن
ي	ف	ذ	ا	ت	أ	س	ت	ب	ل	ا	م	ر	د ط	ن
ص	م	ا	ئ	ح	ب	ف	ق	ر	ل	خ	م	د ي	ن
ل	خ	ش	د	ل	ص	س	ج	ز	ك	ك	ا	ي	م ش	ز
ش	ن	ف	ت	ي	س	ن	م	ت	ا	آ	م	ص	د	ظ
ؤ	ث	ف	ك	ل	ي	ك	ر	ق	ئ ح	ا	د	ص	ك	ة
ظ	ح	ر	و	ن	ى	ج	م	ض	ن	ف	ث	ك	ط	ل
ت	آ	ي	خ	ي	ب	ر	ع	م	ا	ر	ش	ئ	ل	خ
ف	ن	ق	ز	ش	م	ك	ب	ل	ت	ي	ك	ز	ظ	ط
ا	ل	ح	ض	ا	ر	ة	د	ف	خ	ة	و	ب	ط

سليل   تحليل

الكائنات   تقييم

أستاذ   عصر

بقايا   خبير

معبد   باحث

غير معروف   حفرية

قديم   لغز

منسي   قبر

الحضارة   عظام

                   فريق

6 - Insekten

```
ا  ل  خ  ن  ف  س  ا  ء  ئ  ؤ  ز  ا  ا  ف  ح
ص  ر  ص  و  و  ر  خ  ب  ح  م  غ  ل  إ  ل  ى  ع
إ  خ  ؤ  م  ا  ظ  ئ  ط  ب  ج  ق  ف  ة  د  ة  ث
ل  ش  ي  ك  ش  ق  ذ  ذ  ع  ي  ز  خ  ب  ي  ة
ز  د  و  د  ة  ا  ح  و  ب  ر  غ  و  ث  ر
و  ا  م  ض  ل  ل  م  ض  ن  ئ  آ  ر  ط  ط
ؤ  ع  ح  ر  م  م  ز  ؤ  ل  ز  ي  ز  ت  ب
أ  ز  خ  ن  ن  ي  س  و  ا  ش  ر  خ  ئ  ف
ث  ك  د  ء  ا  س  ف  ن  خ  س  ت  ب  د  ن  ج
ت  ج  ب  آ  ا  ف  ؤ  ن  ر  ص  و  ش  و  غ  م
ى  ص  و  و  ف  ت  ي  و  ز  ن  آ  س  و  غ  س
ص  ح  ر  ؤ  ك  ا  د  ؤ  ك  ا  ك  ر  ص  ص  م
ك  ث  خ  إ  غ  م  غ  ن  ح  ن  م  غ  إ  خ  ؤ  ئ
ا  م  ة  ق  ر  ي  ث  ب  ل  س  ف  ل  ذ  ي  ح  ط  ي
م  م  ح  ج  ة  ق  ة  ب  س  ض  ا  ح  ع  م
```

نملة	اليعسوب
نحلة	الخنفساء
المن	عثة
برغوث	البعوض
فرس النبي	فراشة
جندب	أرضة
الدبور	دبور
صرصور	دودة
خنفساء	الزيز
يرقة	

7 - Gesundheit und Wellness #1

ع	ا	ك	ث	غ	ئ	ذ	إ	ذ	ث	و	ل	ص	ا	ا
ظ	س	ج	ن	ظ	ص	د	ي	ل	ث	ف	ل	خ	ق
ا	ت	ة	ط	ط	ق	ر	ا	غ	ث	ع	ى	ص	ض	ب
م	ر	ش	ق	ط	ض	ب	س	ؤ	ث	ي	ي	ق	و
أ	خ	د	ا	خ	ت	م	ة	ج	ع	ا	ف	ت	ا
ع	ا	و	ا	ل	خ	ي	ة	ل	ظ	و	غ	ا	ط	ب	ي
ص	ء	ا	ا	ع	ا	د	ة	ذ	ج	ج	ش	ع	ر
ا	ي	ء	ل	ؤ	ق	ا	ب	س	و	ر	ي	ف	ل	ي
ب	غ	ا	ا	ل	ت	ي	د	ى	إ	ر	س	ك	ا	ت
س	ض	خ	ج	ر	ع	ب	ة	و	ن	ت	ق	و	ج	ك
س	غ	ب	و	ط	ص	س	ك	ع	ن	م	ذ	ر	د	ب
ط	ي	ر	ش	ض	ب	ش	ذ	ج	ص	إ	ع	إ	إ
ن	ل	ن	م	ض	ظ	ؤ	ب	ش	ز	غ	آ	ذ	د	ك	آ
ش	ب	م	غ	ج	ت	خ	ق	غ	ة	ؤ	ق	ف	ذ	ن
ظ	آ	ز	ق	ح	ة	ي	ل	د	ي	ص	س	د	ف	ؤ

نشط	جوع
صيدلية	عيادة
طبيب	عظام
بكتيريا	دواء
العلاج	طبي
استرخاء	أعصاب
كسر	منعكس
عادة	علاج
جلد	إصابة
ارتفاع	فيروس

8 - Obst

و	أ	د	ن	ه	ل	ا	ز	و	ج	ى	ز	س	غ	ي	ب
ص	ف	ع	س	ذ	ل	ض	ز	ط	س	ت	ة	ر	ي
ك	و	ا	ي	و	ا	ب	ت	ر	ة	ج	ت	د	س
ق	ك	و	ر	ب	آ	ط	ف	ظ	ض	س	ق	ي	ئ	ش
ض	ا	ؤ	ن	ي	آ	ا	ع	ك	آ	ا	ي	ظ	ق	م
م	د	ص	آ	ر	ح	ع	ت	ى	ل	ن	ل	ت	و	ش
خ	و	خ	ض	ي	ج	ط	ل	ي	ج	ا	ع	ز	ق	م
ت	ك	ع	ن	ب	م	ا	ش	ن	ل	ؤ	ل	ر	ر
ث	ر	د	ت	ل	ش	ج	ح	د	أ	ا	ز	ب	خ
آ	ز	ز	و	ا	ع	ب	ق	ج	ب	آ	ت	ث	ئ	ى
ر	ؤ	آ	ط	ك	ش	ذ	و	ث	ذ	ي	و	ة	ئ	ذ
ح	ض	د	ب	ت	ط	ى	و	خ	ت	د	ك	ج
ي	و	ك	ي	ت	و	ر	ف	ب	ي	ر	ج	ل	ا
س	م	ض	آ	ر	ن	و	م	ي	ل	ذ	خ	ف	س
ض	ذ	ج	س	ي	د	ز	ى	ر	م	ث	ك	ك	ج	ئ

كرز	أناناس
كيوي	تفاح
جوز الهند	مشمش
شمام	أفوكادو
برتقالي	موز
بابايا	بيري
خوخ	كمثرى
برقوق	بلاك بيري
عنب	الجريب فروت
ليمون	توت العليق

9 - Universum

ا	ر	ر	م	م	ء	ا	و	ت	س	ا	ل	ا	ط	خ	ا
ل	و	و	ة	ق	ح	ح	ل	و	ط	ا	ل	ا	ط	خ	إ
غ	ت	ت	م	ق	ر	م	ق	ي	س	م	ش	خ	ج	خ	إ
ل	آ	ث	ئ	ذ	ا	غ	ا	غ	ى	ن	د	ط	أ	ح	إ
ا	د	ش	ض	ب	آ	ؤ	ج	ث	و	ق	ض	ف	ؤ	س	م
ف	و	ن	ا	ل	ك	و	ي	ك	ب	ل	ق	ن	م	ا	ا
ل	ف	ض	ث	ت	د	ر	ئ	ل	ع	ا	ة	ا	ة	ا	ء
ج	س	ف	ع	ث	ف	ب	ر	ف	ج	ط	ت	ب	ء	ل
ى	ح	ظ	ت	ي	ئ	ل	م	ل	ف	خ	س	ف	ط	ج
ن	س	م	ا	و	ي	ل	ا	م	ل	ر	ظ	ث	ش	و
ؤ	خ	ط	ا	ل	ع	ر	ض	م	ج	س	ك	ث	م	ي
ع	ك	إ	ط	ل	ئ	ي	آ	ل	ذ	ى	س	ل	م	ؤ
ج	ث	آ	ئ	ظ	ث	ع	غ	ع	غ	ة	ح	ك	غ
ر	ح	ة	م	ط	ئ	ي	ف	ظ	ص	ؤ	ى	ن	د	ع
م	س	ي	ت	ذ	ع	س	آ	ل	إ	ض	آ	ت	غ

الكويكب	كوني
فلكي	خط الطول
علم الفلك	قمر
الغلاف الجوي	فلك
خط الاستواء	مرئي
خط العرض	شمسي
ظلام	الانقلاب
سماء	مقراب
سماوي	البروج
أفق	

10 - Camping

ر	ح	ش	ئ	خ	ت	ا	ن	ا	و	ي	ح	ل	ا	ا
ا	ي	ئ	ر	خ	ر	ي	ي	م	ة	ر	د	ة	ل	ج
ى	ق	ي	ط	ذ	ث	ا	د	ؤ	ت	م	د	م	ب	ف
و	ط	ح	إ	ق	ي	آ	خ	ج	و	ج	ح	ي	ج	غ
ة	آ	ج	ا	ز	ط	د	ج	د	و	ص	آ	خ	ض	ع
س	و	ن	ا	ب	ف	م	ز	ئ	و	آ	ث	آ	آ	ب
ص	ة	ؤ	خ	ج	ر	ي	ر	ح	ن	و	ئ	ص	ف	إ
ق	ة	ؤ	ض	ف	ع	ا	ة	ا	ظ	و	ا	ج	ز	ا
م	ب	ح	ي	ر	ة	م	ح	ن	ف	ل	ل	ث	ل	ط
ر	إ	ي	ط	ظ	ظ	ل	ر	و	ا	ح	ج	ط	ب	ح
غ	إ	م	ط	ص	ل	ا	ي	ص	ج	ة	ص	ب	ط	م	آ
ا	ض	غ	ح	ث	ز	ر	ر	و	ة	ة	ص	د	ث	ض	ا
ب	ر	ى	غ	ث	ة	ب	ش	أ	و	إ	ط	ب	ا	ل
ة	ز	غ	د	م	ظ	ح	د	ر	د	ع	ر	ى	د	و
ن	و	ج	ة	ق	ظ	ك	ذ	ض	ن	ة	ق	ة	خ	ل	ي	و

مغامرة	بوصلة
جبل	فانوس
نار	قمر
أرجوحة	طبيعة
قبعة	بحيرة
حشرة	حبل
الصيد	مرح
المقصورة	الحيوانات
الزورق	غابة
خريطة	خيمة

11 - Zeit

ب	ف	ئ	ا	ظ	ة	ر	ي	ه	ظ	ل	ا	ت	ق	و
ع	غ	ص	ح	ي	م	ق	ث	ص	ي	ح	ض	ص	م	ل
د	ث	ع	س	ح	آ	ف	ة	ب	ص	ؤ	ض	ا	خ	د
غ	ص	ل	ج	خ	ى	ذ	ع	ك	ث	ر	ش	ل	ف	خ
ؤ	ي	خ	س	ئ	ت	ع	م	ر	د	ه	ح	ل	ن	خ
ا	ى	ح	د	ر	ا	إ	س	د	ص	د	ط	ي	غ	ل
ل	ف	ع	ي	ض	ت	ن	ش	ظ	ي	ش	ل	ج	ع	آ
ن	ب	ؤ	ق	ج	خ	ط	ؤ	ي	ئ	ت	آ	ق	ق	د
ي	ة	ح	ب	ف	ة	ح	ة	د	ق	ي	ق	ة	ق	د
و	آ	ل	ؤ	ج	ح	ح	غ	أ	س	ب	و	ع	ل	ك
م	ح	ا	إ	ب	ف	ت	ض	ن	س	و	ي	ك	ب	ت
ث	ز	ا	ب	ص	ر	ق	ل	ا	و	ي	م	ت	ف	ح
ر	ن	ؤ	ة	ب	د	ج	ص	ث	ع	ا	س	ر	ئ	ف
ا	إ	ط	ك	ل	ب	ن	ر	ق	م	ز	غ	ز	و
س	ا	إ	ط	ك	ج	ؤ	س	ئ	ج	أ	غ	ي	ع	آ

مبكرا	وقت الظهيرة
أمس	شهر
اليوم	صباح
سنة	بعد
قرن	الليل
العقد	ساعة
سنوي	يوم
الآن	قبل
تقويم	أسبوع
دقيقة	مستقبل

12 - Säugetiere

ئ ظ ث ل ن ئ م ق غ ئ ب ت إ غ ج

ى و ى م م ل ز ف ئ ك ح ن ل ي

ب ز ك ر ح ر س م و ر و ة ع ؤ ك ك ر ب

ع م ي ي ذ ح ا ك ب س ف و ب س ي ف و ر خ

س ا ظ ك غ ي ت س ف ع ط ط ت ك غ

و ر ب خ م ح ة ع آ غ س آ ق ا ض

ظ و ط ي م م م ى خ ؤ ك ض ت ق ج ط

ز ح ة ث ة ا ك ذ ا ظ ى ث ش د ص

م ش ة ا ج ي ر ر ا ل ب ل ا ب ئ ذ

ى ي د ل ك غ و ر ي ل ا ح ئ ح د

ث ظ ح ن ذ ط ى ن ؤ ي م ش ذ ج ث

ع غ خ م ر ح س ف ك ا ؤ ي غ ق ذ ي

ك ص ش ر ك ا ل خ ل ح و ت ح د س أ

ئ ب ظ ة و ن ا ص ح ض ي ظ ر ذ ك

ف ص ض ب ل ك ظ ج ض ئ ؤ ن ق ن ى

قرد	أسد
يتحمل	النمر
سمور	حصان
الفيل	جرذ
فوكس	خروف
زرافة	ثور
غوريلا	نمر
كلب	حوت
كنغر	ذئب
ذئب البراري	حمار وحشي

13 - Algebra

ت	ي	ف	ظ	ز	غ	ح	ش	خ	ن	ن	ج	ف	ؤ	ى
ب	ة	آ	غ	ؤ	ث	ظ	ط	ا	ت	د	خ	ز	د	ت
ث	ص	ل	س	إ	ر	ي	و	ظ	ب	غ	ا	ن	ن	ب
ذ	س	و	ج	إ	ا	ن	ش	ي	ئ	ا	ه	ن	ا	ل
ج	ق	ا	ن	س	آ	ا	ط	ل	ف	د	غ	ى	ظ	م
ز	ص	ل	ا	د	ش	ي	ف	ج	م	ي	و	ئ	ص	ا
ء	ف	ث	م	غ	م	ت	و	ط	ي	س	ب	ت	ع
ب	ر	ل	م	ج	ق	م	ش	ج	ث	ط	ل	آ	ض	ئ
ن	إ	ص	ظ	م	أ	س	ض	ك	م	ي	ة	ح	غ	ى
ؤ	ف	د	ق	و	س	ر	ح	ن	ج	ظ	ل	ر	ر	ا
ز	ا	ب	ل	ع	ة	ف	و	ص	م	م	ك	ط	ن	و
ب	ف	ئ	ش	ة	ة	ل	د	ا	ع	م	ش	ل	ي	ر
م	م	ق	م	ذ	ش	ج	ق	ى	ب	ذ	م	ا	ق	ن
ي	ن	ا	ي	ب	ل	ا	م	س	ر	ل	ب	ي	خ	و
ك	و	ر	ي	غ	ت	م	آ	خ	ض	د	أ	ط	خ

مصفوفة	جزء
كمية	رسم بياني
صفر	أس
رقم	عامل
مشكلة	خطأ
الطرح	معادلة
مجموع	الرسم البياني
لانهائي	قوس
متغير	خطي
تبسيط	حل

14 - Diplomatie

خ	و	ر	ف	ط	ى	ل	ا	ل	غ	ا	ت	ص	ي	م
ج	ز	ن	ع	ز	ي	إ	و	ل	م	ى	ر	ف	ذ	ع
د	ز	خ	ر	س	غ	ث	م	س	ن	و	ل	س	ا	ا
ة	ر	ا	ف	ل	س	ا	و	ا	د	ف	ي	ر	ت	ه
و	ي	ب	ن	ج	أ	ل	ل	ح	ب	ة	ض	ر	ر	د
ظ	ف	س	أ	ؤ	ظ	ط	ت	ص	ل	ح	ك	و	م	ة
ل	س	أ	م	ن	ن	ة	ل	م	و	ط	ر	ج	إ	ا
ع	ذ	خ	ه	ص	و	ش	ذ	ا	م	ق	ا	ل	خ	أ
د	ئ	ن	ي	ن	إ	ا	س	ن	ي	ئ	ش	ت	ك	ا
ل	ا	ط	د	ع	ق	ى	س	ا	ة	س	ا	ؤ	ت	س
ح	ل	ي	ت	ح	ل	ح	ي	ى	س	ض	ى	س	ث	ض
ة	ا	ص	ع	ا	ز	ن	ل	ع	خ	ف	م	ل	ظ	د
ة	ه	ا	ز	ن	ل	ا	ؤ	ك	ا	م	د	ف	ي	ش
ج	ي	ت	ث	ا	ي	ذ	ن	ؤ	ط	ق	إ	ع	إ	ي
ة	ي	ذ	و	ا	ي	ع	ث	ي	ل	ؤ	ي	ع	إ	ب

إنساني	أجنبي
النزاهة	مستشار
نزاع	السفارة
حل	سفير
سياسة	المواطنون
حكومة	دبلوماسي
أمن	نقاش
اللغات	أخلاق
معاهدة	ملة
تعاون	عدالة

15 - Astronomie

ق	س	خ	ث	م	ظ	ص	ج	س	ض	م	ل	ا	ع
م	ش	و	ح	ص	ظ	ص	ت	ل	ر	غ	د	ع
ر	ج	ر	ب	ك	و	د	ح	ص	ى	ئ	خ
أ	ص	ا	ا	ر	ظ	ش	ب	ن	ف	د	ا	خ	آ
ك	ر	ر	ص	ل	ب	ن	ر	ف	ج	ق	ر	ا	ب
و	ط	ض	ب	ة	ذ	و	ط	ل	م	س	ظ	ص	ظ	ك
ك	خ	ف	ر	غ	م	س	ف	إ	ك	م	ب	ا	آ	ي
ب	ذ	ي	و	س	م	ش	ص	ا	ر	ي	ا	إ	و
ة	آ	ح	ج	م	ص	ص	ى	د	غ	ا	ث	ف	ك
ك	و	ن	ي	ا	ف	إ	ح	ي	إ	ئ	ب	ت	ل
ع	ن	ص	ؤ	ء	د	د	آ	ط	م	و	د	ظ	م	ا
ت	ى	خ	ت	ف	د	ت	ف	غ	س	ص	ف	د	م	ح
ن	س	ذ	ى	آ	ت	ح	ش	م	ص	ض	ة	ط	د
ض	ن	ز	ي	ك	د	ظ	ذ	ا	د	ج	ا	ف	ن	ب
و	ث	م	ظ	و	ط	ع	م	د	د	ء	ى	ي	ت

سديم	الكويكب
مرصد	رائد فضاء
كوكب	فلكي
صاروخ	أرض
شمس	سماء
نجم	مذنب
سوبرنوفا	كوكبة
مقراب	عالم
البروج	نيزك
كون	قمر

16 - Geologie

ث	م	ف	ت	ك	ج	ح	د	و	ر	ا	ت	ض	ع
ل	ئ	خ	د	و	ة	ط	ى	ئ	ش	ل	ح	ل	ت	ق
ع	ح	ف	ر	ي	ة	ق	ط	ن	م	م	م	ة	ص	د	ك
م	ي	و	ظ	ل	ا	ك	ل	س	ي	و	و	ن	ئ
ص	ظ	ق	م	ذ	ج	ي	ع	إ	ح	ج	ى	ا	ر	ر	ؤ
ى	ث	ع	ا	ز	ؤ	س	د	ل	ا	ت	ع	ت	ش
ق	ى	ط	د	ا	ن	آ	ا	خ	س	م	ح	ل	ض	د	ق
ث	ز	ض	خ	م	ل	ك	آ	ت	ص	ت	ن	ش	ل	ف
ح	ص	س	ذ	ع	ط	ى	ر	خ	غ	ئ	ب	م	ح	ظ
خ	ن	ص	ط	ا	ظ	ر	ى	ة	ث	ق	م	ق	ن	ى
ا	ح	ت	ط	د	ف	ئ	ة	ر	ا	ض	ق	ر	ت	م
ش	ى	ح	ز	ن	ه	ث	ذ	آ	ج	ل	ق	ج	ل	ة
آ	ث	إ	م	ض	ك	ن	ل	ا	ز	ا	ز	ح	و	ظ
ؤ	إ	ظ	ب	ر	ك	ا	ن	ظ	ع	ب	ك	ة	م	ا
ة	ش	ة	ت	ا	ش	ة	ز	ا	آ	ع	ا	ؤ

المعادن	زلزال
هضبة	تآكل
مرو	حفرية
ملح	مولتن
حمض	سخان
الصواعد	كهف
حجر	الكلسيوم
بركان	قارة
منطقة	المرجان
دورات	الحمم

17 - Sport

ل	آ	خ	ى	ض	ى	إ	غ	ا	إ	ل	ط	غ	ش	ى	ر
ا	غ	ن	إ	م	د	ر	ب	ذ	ض	ا	ل	ر	ك	ض	ض
ز	ت	ا	ح	م	ي	ة	آ	ظ	ة	ض	و	ح	ة	ة	ة
إ	غ	خ	ث	ا	ت	ل	ض	ع	ز	ب	ا	خ	ي	خ
ض	ذ	ص	ض	ض	خ	ل	س	ب	ا	ح	ة	آ	ت
ح	ي	ي	ف	ح	و	ن	س	ف	ل	ج	ق	و	ز	ي
ر	ة	ظ	خ	ا	ل	ص	ح	ة	د	و	ؤ	ن	ق	ب	ج
ي	ع	ظ	م	ا	ذ	ص	ر	ه	ى	ذ	د	ي	ش	ث
ا	ل	أ	ي	ض	و	ا	د	إ	ت	ت	إ	ذ	ذ	ة
ض	آ	ظ	ر	ج	خ	م	ق	ة	ة	ت	ئ	ة	ؤ	ض	آ
ا	ع	ئ	ا	إ	ا	ا	ذ	ك	ل	ن	م	ض	س	م	إ	ص
ت	ج	ج	ت	ض	ح	ؤ	ا	ة	د	ص	د	س	ض	ج	ط	ج
ر	ذ	ص	ق	ر	ل	ا	ج	م	ا	ن	ر	د	ا	س	ل
ة	ط	غ	ف	إ	س	ع	ث	ا	ش	ث	ع	س	ش
م	ج	ط	ن	ر	ب	ت	ج	ل	ي	ج	خ	م	ب	خ

عضلات	رياضي
برنامج	حمية
ركوب الدراجات	تغذية
للسباحة	القدرة
رياضات	الصحة
قوة	الركض
الرقص	عظام
مدرب	جثة
هدف	تعظيم
	الأيض

18 - Mythologie

س	ئ	ث	ن	ض	ي	ة	ف	ئ	س	ب	م	ج	ص
ح	ض	ز	ق	ء	ث	خ	ل	د	ر	س	س	ظ
ر	ب	ئ	ح	ا	ش	م	ط	ع	و	ق	ا	ظ	خ
ي	م	ق	ت	م	ف	ج	ب	ن	ر	ك	م	ل	ض	ت
ث	م	ق	ة	س	ى	ط	س	ر	ح	غ	م	ي
إ	ظ	و	ة	ل	م	م	ك	ا	ا	ذ	ا	ي	ب	ع
ز	ك	ة	ب	ل	ا	غ	م	ت	ح	ن	ر	ر	س	ض
آ	ط	ظ	ا	م	خ	ي	ط	ؤ	خ	ت	ة	ث	ظ
ب	ط	ل	م	خ	ي	ط	ق	و	ح	ق	ج	خ
خ	ح	ت	ي	ح	ر	إ	ا	ك	و	ح	ق	و	ا	ل
إ	ي	ق	ت	ل	ي	ث	ى	أ	إ	م	و	ا	ل	ق
آ	خ	ى	ن	ح	ك	غ	ش	س	ص	ت	ل	ق	م	ة
ق	ص	غ	ا	ة	ا	م	ص	ط	ب	ا	خ	ج	ى	آ
ج	س	ى	ئ	ؤ	و	ز	ه	م	ذ	ى	ن	ا	م
ث	ظ	ت	ي	خ	ث	ت	ل	ر	ن	ز	ن	ش	د
إ	م	ن	ت	ف	ة	خ	ظ	ة	ب	ت	ن	ل	ش	د

ثقافة	برق
متاهة	رعد
أسطورة	الغيرة
سحري	بطل
مسخ	بطلة
انتقام	السماء
قوة	كارثة
مميت	خلق
خلود	مخلوق
سلوك	محارب

19 - Restaurant #2

ع	ا	ؤ	ب	ظ	خ	ي	ص	خ	ث	آ	ظ	ذ	ج	ج
ش	ل	ف	ر	ش	ض	ي	ة	ه	ك	ا	ف	ي	ت	ة
ا	م	و	ئ	ظ	ر	و	ا	ة	ل	ط	س	ذ	ا	ظ
ء	ع	ل	ط	ج	و	ص	د	ت	و	ا	ب	ل	ا	ق
ا	ك	ة	د	ئ	ا	ج	ج	س	ط	ن	ى	س	ق	ظ
م	ر	ف	ؤ	ة	غ	ح	ت	ة	ا	ت	ا	ئ	ب	ح
ئ	و	ر	ظ	د	ل	س	ا	ظ	ي	د	ا	ي	ظ	ط
ج	ن	ش	و	م	ق	ا	غ	ل	ك	م	س	ع	ط	ئ
إ	ة	ح	ش	ى	ع	ء	ش	ب	غ	خ	ر	ع	و	ا
س	ي	ؤ	ك	ج	ل	ي	د	ن	ك	ا	ذ	ق
ش	د	و	إ	م	خ	ز	ا	ظ	ئ	ر	ي	ث	م
آ	ط	ن	ن	ح	ل	ء	ت	ف	آ	ئ	ك	خ	ع	ى
ى	ة	ك	و	ع	ش	ي	ض	ب	ب	و	ر	ش	م
ت	ث	ؤ	ئ	ق	خ	ي	ث	ظ	ض	ظ	ع	ؤ	و
ض	و	م	ث	ف	ة	ت	ك	ر	د	ج	ت	ؤ	ف

لذيذ	عشاء
كيك	بيض
ملعقة	جليد
غداء	سمك
المعكرونة	فاكهة
سلطة	شوكة
ملح	خضروات
كرسي	مشروب
حساء	توابل
ماء	النادل

20 - Ökologie

ل	ا	ب	ج	ل	ي	ا	م	ل	ا	ع	ر	ص	إ	ب
ض	ط	ك	ح	ح	ذ	ص	ح	غ	ق	ى	و	ن	ت	ب
ؤ	ت	غ	ر	ج	ع	ي	ن	و	ش	ق	ر	ئ	ت	ا
م	س	ت	ظ	ز	ب	ى	ا	م	ا	د	ت	غ	ل	ن
ا	ش	ى	ت	إ	خ	ة	ت	س	د	ذ	ل	ب	ل	ج
ل	ج	ف	ا	ف	ر	ئ	ح	ة	س	ط	ح	آ	م	ا
أ	ا	ل	ن	ب	ا	ت	ي	ة	ح	ر	ل	ن	خ	ة
ن	ش	ص	ا	ت	و	ق	ي	ة	و	ر	ي	ل	و	ا
و	ي	ك	و	ل	ي	ئ	ة	ع	ح	م	ن	م	ع	ل	ز	ج
ا	ن	ز	ي	د	س	ع	د	ل	ي	و	ل	س	د	م	و	ك	ث
ع	ب	ا	ز	ع	ح	ج	ن	ج	ي	ى	ي	ي	ذ	ع	ط	ن	س	ي
ئ	ت	ق	ا	ح	و	ل	ع	ا	ح	ق	و	ب	ظ	ا	ا	ت	آ	ت
س	ت	ق	ا	خ	ى	ف	ا	ط	ر	إ	خ	م	ؤ	م
خ	ا	ن	س	ت	ا	ع	م	ج	ت	م	غ	ل	م	ؤ
ى	ت	ف	ز	ل	ب	د	ز	غ	م	ة	و	ا	ك	ا

البحرية — الأنواع
مستدام — الجبال
طبيعة — جفاف
طبيعي — الحيوانات
نباتات — النباتية
الموارد — المتطوعون
اهوار — مجتمعات
نجاة — عالمي
نبت — مناخ
تنوع — الموئل

21 - Boote

ي	س	ب	ح	ب	ل	ف	و	ق	ط	ة	ا	س	ر	م
ز	خ	ط	ح	م	ق	ا	س	ط	ا	ر	ي	ة	ه	و
ن	ق	ي	ظ	م	ر	ك	ب	ش	ر	ا	ع	ي	ن	خ
ذ	ر	ح	ض	ت	م	ا	ن	ت	ب	خ	ر	خ	ق	ذ
ة	و	م	ش	ا	ي	ث	ا	ط	ن	ع	ث	ح	ذ	ج
م	ز	ش	غ	ظ	ف	ا	خ	م	ج	ل	ب	م	خ
ا	ل	ؤ	ض	ز	ر	ك	س	ل	ا	ا	ي	س	ص	ئ
و	ا	ب	ى	ؤ	ص	ذ	د	ة	و	ث	ص	ث	ص	ج
ع	ص	ز	ت	ب	ي	ذ	ل	ا	إ	ط	ع	ح	ق	د
م	و	ت	ز	ز	ف	ب	ز	ق	ب	ر	ج	د	ة
ا	إ	ط	ل	ع	ط	إ	ح	س	م	ق	ئ	إ	ق	ئ
ر	ص	ق	ت	خ	ي	ر	ح	خ	ع	م	ا	إ	ع	م
ق	ك	ل	ظ	إ	م	خ	ر	ظ	ن	ج	ر	ي	ط	آ
خ	غ	ج	خ	ن	ج	ق	ت	ب	ك	د	س	خ	ح	و	خ	ن
ط	م	و	ا	ج	ش	ب	د	ف	ن	آ	و	م	و	م	أ

مرساة	بحر
عوامة	محرك
طاقم	بحري
رصيف	محيط
العبارة	قارب نجاة
طوف	بحيرة
نهر	مركب شراعي
كاياك	حبل
الزورق	أمواج
سارية	يخت

22 - Stadt

ئ	ت	غ	خ	م	ش	ز	ك	ض	ؤ	ذ	ف	ظ	ؤ	ض
س	ك	ن	ب	س	ج	ض	ج	ر	ث	ا	م	ن	ي	س
ا	ل	ي	ت	غ	ع	ن	خ	إ	م	ل	ة	ا	ت	ك
ش	ع	ث	ك	م	ت	ب	ة	ا	ؤ	ي	ك	س	ث
ش	ح	س	ر	و	ه	ز	ن	س	ق	ز	م	م	ن	ط	م
ث	د	و	ا	ا	ض	م	د	ر	ب	ف	ح	ت	م	ض
ت	ق	م	ي	ن	ذ	س	د	ف	ح	ي	ع	ج	ظ
ت	ق	ط	ر	ف	س	ة	ر	م	س	ا	ر	ط	م	ص
ن	ة	و	ب	ث	س	د	ح	ة	ع	م	ا	ج	ي	غ
ر	ح	ئ	و	ئ	ط	ش	ق	و	إ	ع	م	د	ي	ض
ت	ي	ث	س	س	ش	ل	آ	ز	ب	خ	م	ل	ع	ب	ص
خ	و	ج	ع	ر	ض	م	ر	ل	ش	ي	ؤ	آ	ا	ى
ي	ا	ذ	ر	ب	ع	ي	ا	د	ة	ح	ص	ل	ئ	ع
ز	ن	ذ	ق	خ	غ	ل	غ	خ	ذ	و	ش	و	ج	ى	ش
ض	ئ	آ	ؤ	ى	ع	ض	ض	ح	س	ن	ث	ط	ذ	ع

صيدلية	سوق
بنك	متحف
مخبز	مطعم
مكتبة	صالون
منسق زهور	مدرسة
مطار	ملعب
معرض	سوبر ماركت
فندق	مسرح
سينما	جامعة
عيادة	حديقة حيوان

23 - Aktivitäten

غ	ي	خ	ط	ذ	ب	إ	ق	ة	غ	إ	ت	د	ت	ي
ا	ئ	ح	غ	ث	ى	ض	ل	آ	د	ك	خ	ط	ن	و
س	ة	ق	د	ج	د	ق	ب	خ	ق	ا	م	ي	غ	م
ت	و	خ	ا	ط	ة	ن	ر	ت	ي	ي	ذ	ه	ة
ر	ج	خ	ث	ي	آ	ب	ك	ا	ص	ع	م	ا	آ	و
خ	ا	ف	ر	ح	ا	ح	ء	و	ج	ر	ا	ص	ق
ا	ل	ج	ض	ح	ع	ي	ح	ة	ي	ج	ح	م	و	خ
ء	ت	ا	ل	ل	و	ح	ة	آ	ر	غ	س	ر	ح
ذ	ر	غ	أ	ا	إ	ل	س	ب	ي	ي	آ	ؤ	ب	ل
ر	ف	ط	ص	ظ	ي	ا	ي	ل	ر	ق	ا	ل	ت
ك	ي	ق	ك	م	س	ل	ا	د	ي	ص	ي	ث	ع	ع
ن	ه	ر	ذ	ل	غ	ر	ل	ذ	ف	ن	د	ش	ج	و	ة
ش	ى	ى	آ	ز	ا	آ	ذ	ة	ف	إ	د	و	ن	ت	س	ب
ا	آ	ت	ة	ذ	ر	س	م	ئ	ذ	ر	ت	ث	و	ب	م	خ
ط	ذ	ة	ط	ؤ	ض	ع	ط	م	ش	ث	آ	ض	ل

نشاط	الصيد
صيد السمك	فن
تخييم	الحرف
استرخاء	قراءة
مهارة	سحر
تصوير	خياطة
الترفيه	ألعاب
بستنة	الحياكة
اللوحة	الرقص
المصالح	متعة

24 - Bienen

ة	ج	و	ض	ب	ح	ا	ق	ل	م	ظ	ض	س	ك	ة
ى	إ	ش	م	د	ذ	ة	ئ	ص	ش	ؤ	غ	ف
ذ	ل	م	ش	ف	م	ي	د	ظ	ع	س	ل	ذ
ز	ع	ل	ؤ	ض	ق	ف	ا	ك	ة	و	ق	ى	ئ
غ	ذ	ك	ر	ت	ة	ض	ف	ظ	س	ن	ذ	ى	ئ
ظ	ش	ة	ي	ا	ل	م	و	ئ	ل	ن	ن	م	خ	ذ
ج	ئ	ع	ظ	ت	ى	إ	ؤ	إ	ى	ا	ا	ز	ى	ؤ
ش	م	س	ت	ا	س	ر	ب	ش	آ	ل	ح	خ	ع	ج
ق	ئ	د	ع	ب	خ	ف	إ	ع	ن	ق	ل	د	ث
أ	ا	ا	ن	ن	ر	ت	غ	ق	ث	ل	ي	غ	م
ئ	ع	ج	ل	إ	ف	ؤ	ة	ك	آ	ب	غ	م	ة	إ
و	ك	ن	ز	ذ	ز	ش	ز	ي	ق	ة	ش	ل	ر	ه	ز
ى	ذ	س	ح	خ	ه	س	م	ب	ذ	ى	ا	ش	ر	ك
د	ض	د	ث	ة	و	ث	خ	ئ	ك	ذ	آ	ح	آ
د	ا	آ	ق	ة	س	ى	ر	ظ	ن	د	و	م	ذ	ق

الملقحات	الموئل
خلية	نباتات
الزهور	لقاح
زهر	دخان
أجنحة	سرب
فاكهة	شمس
حديقة	تنوع
عسل	مفيد
حشرة	شمع
ملكة	

25 - Wissenschaftliche Disziplinen

ع	ة	د	ا	ي	ج	و	ل	ي	ز	ي	ف	ت
ل	ح	ر	ر	ا	ث	آ	ل	ا	م	ل	ع	ش	ع
م	م	س	ت	ا	ت	و	ب	و	ر	ل	ا	ر	ع	ل
ل	ة	ع	غ	م	ظ	ط	ص	ؤ	ي	ح	ل	م
ل	ل	ة	ؤ	ب	ذ	ج	ح	آ	ل	ح	م	ئ	م	ا
م	ن	ك	ل	ف	ل	ا	م	ع	ل	ا	ت	ا	ل
ع	ف	ر	ث	ق	ى	ي	ئ	ج	ط	ق	ك	ا	ل	م
ا	س	ح	ى	ؤ	ظ	ج	غ	ي	ت	ض	ي	ب	ب	ن
د	ق	ل	ت	ك	ؤ	و	ي	و	إ	ا	ن	ن	ي	ا
ن	س	ا	ش	ع	ل	ح	ل	ل	ي	ل	ا	ي	ئ	ع
ث	ز	م	ل	ص	ق	و	ي	و	ى	ن	ك	ا	ة	ة
ز	ط	ل	ش	ب	ئ	ي	ظ	ج	ء	ا	ي	م	ي	ك
ث	ذ	ع	ئ	ى	ر	ب	ش	ي	ج	س	م	ل	ص	ا
ء	ا	ي	ز	ي	ف	ل	ق	ا	ا	ل	س	ع	ن	ث
ك	ز	ر	ع	ا	م	ت	ج	ا	ل	ا	م	ل	ع

لسانيات	تشريح
ميكانيكا	علم الآثار
علم المعادن	علم الفلك
علم البيئة	بيولوجيا
الفيزياء	علم النبات
فيزيولوجيا	كيمياء
علم النفس	جيولوجيا
الروبوتات	علم المناعة
علم الاجتماع	علم الحركة

26 - Vögel

ا	ي	ص	غ	ح	ن	ت	ك	ب	ذ	ح	م	ص	ق	ض
ل	ؤ	ط	ز	ف	س	ر	ق	ج	ض	د	ج	ب	ج	ى
ب	ج	و	خ	ح	ر	ع	ب	ؤ	ط	ج	ص	غ	ظ
ط	ت	ي	ر	و	ت	آ	ي	د	س	ت	ر	ج	ز	ب
ر	ظ	ع	ف	ت	خ	ط	س	ؤ	غ	ق	ض	ن	و	ا
ي	ظ	ص	م	ق	ط	ظ	ء	ط	ا	غ	ب	م	إ	ر
ق	ع	ل	ا	خ	ة	ح	ص	ب	ط	ة	ة	ة	ث	غ
ل	ح	ا	ؤ	ض	ز	ب	ا	ر	غ	ض	ل	ذ	ل
ق	م	ط	ر	ز	ج	ف	س	ن	س	و	ي	ت	ب	ا
ل	ا	ا	ن	و	ر	ي	ه	ح	ل	ب	ج	ع	ظ
ل	م	و	ا	ل	و	ق	و	ا	ل	و	ق	ز	ع	ذ
ا	ة	و	ف	ز	ا	ش	د	م	ؤ	ة	ت	ج	ك	ى
ط	ل	س	ة	ك	ر	و	غ	آ	ج	ئ	ض	د	س	ط
ن	ك	ص	ط	ذ	ض	ى	ك	آ	ج	ؤ	ر	ر	ظ	ى
ب	س	ر	و	ن	و	خ	ذ	ن	خ	ذ	ع	ؤ	م	ث	ى

نسر	بيغاء
بيضة	البجع
بطة	الطاووس
بومة	البطريق
نحام	الغراب
إوز	هيرون
دجاج	بجعة
غراب	عصفور
الوقواق	اللقلق
نورس	حمامة

27 - Biologie

ك	ج	ن	ط	م	ئ	ش	ز	ز	ب	ق	ب	ع	ي		
ن	ر	ن	ذ	ك	ت	ك	ا	ف	ل	خ	و	ع	غ	ى	
و	ي	و	ذ	ح	ر	ص	ت	ا	ي	د	ث	ل	ا		
ش	ة	م	م	ى	ن	إ	ط	س	ر	ع	م	آ	ص	ح	
ظ	ي	ر	س	و	ع	ض	ي	ة	ل	خ	م	ى		
ل	ؤ	ه	ش	ج	س	ز	ر	ب	ت	ق	ع	آ	ج		
ر	إ	ص	ئ	ح	ب	و	م	ص	ص	ط	ة	ب	س	ط	
ا	ن	ز	ي	م	ع	ا	ل	ى	م	ي	ز	ص		
ا	ت	ش	ر	ي	ح	ت	ص	ى	ن	ذ	ف	ش		
ت	ل	ب	ر	و	ت	ي	ن	ق	ب	ن	ح	و	ح	ر	
ن	م	ا	ل	ك	و	ل	ا	ج	ي	ن	ب	ض	ا	س	
ا	ش	آ	ق	س	ع	ك	خ	ض	إ	ا	ل	و	ة	
ض	ب	م	ج	ظ	ت	ث	ى	ر	ا	ت	ض	ز	ر	
ج	ك	ى	س	ج	ن	ي	آ	ا	ب	ث	إ	ل	ف	
و	ج	ئ	خ	ض	ز	ئ	ن	خ	ذ	د	ت	س	ا	ط	

تشريح	عصب
كروموسوم	عصبون
جنين	تناضج
انزيم	نباتات
تطور	بروتين
هرمون	الزواحف
نواة	الثدييات
الكولاجين	تكافل
طفرة	المشبك
طبيعي	خلية

28 - Garten

خ	م	س	ئ	ف	ز	ج	ق	ى	د	م	ع	ة	ض	ي
ر	ج	ي	ئ	ش	ب	س	ت	ا	ن	ت	ع	ي	ئ	ر
ط	ر	ا	ز	ص	ل	ا	و	ذ	ر	م	ب	ص	إ	إ
و	ف	ج	غ	ر	ص	و	ر	ئ	ا	ب	ض	ى	ظ	ا
م	ة	ب	و	ش	ذ	د	إ	ك	ن	ة	ة	ر	ج	ش
د	ق	ا	ص	خ	غ	ذ	آ	ئ	ل	ف	ح	ر	ص	إ
ل	ي	ض	ل	ؤ	ئ	ص	س	ا	ث	و	ح	ه	ؤ	
ل	د	ط	ذ	أ	آ	ط	ح	ي	ل	و	ج	ا	ى	ز
ز	ح	ؤ	ئ	د	ع	ق	م	ؤ	ر	ض	ة	ة	ع	
غ	آ	خ	ق	إ	س	ش	ل	ض	ش	ا	أ	خ	خ	ة
ز	و	ع	ج	ل	ح	و	ا	ي	أ	ع	ص	ذ	ط	ي
ؤ	غ	ك	م	ص	ط	ب	ة	ت	ى	ة	آ	ط		
ج	ا	ر	ك	ن	ي	ل	و	ب	ا	م	ر	ت	ل	ا
ئ	ص	د	ر	ن	ف	م	ة	ف	خ	إ	و	ر	خ	آ
ة	ن	ز	ك	س	ي	ص	م	ي	ش	ب	ي	د	د	ث

مقعد	أشعل النار
شجرة	مجرفة
زهرة	خرطوم
تربة	بركة
بوش	مصطبة
كراج	الترامبولين
حديقة	الأعشاب
عشب	رواق
أرجوحة	سياج
بستان	

29 - Antarktis

ي	ة	ي	ك	و	ص	ش	و	ع	ش	ع	ش	س	و	ئ
إ	ل	ج	ل	ر	ز	ي	ق	ط	ى	ة	إ	إ	إ	ة
ش	م	ا	ء	م	د	و	ا	ط	ة	غ	ث	ح	ا	ب
ق	خ	ل	ذ	ق	ي	ا	ر	ث	ث	ر	ى	ق	ل	ظ
د	ذ	ج	ذ	ص	إ	ل	ي	ة	ة	ئ	ي	ب	غ	ى
ر	ص	ز	ة	ح	ج	ف	ج	ر	غ	ز	ل	ظ	ي	ذ
ج	ل	ر	ف	م	غ	ا	غ	ج	ز	ج	ي	خ	ر	ص
ة	ط	ط	ظ	ن	ف	خ	ر	ر	ح	ه	ح	م	ج	ز
ا	ق	إ	ي	م	ط	غ	ا	ط	آ	ب	ل	ي	ظ	ج
ل	س	إ	ا	خ	ظ	و	ف	ذ	ة	ش	ع	ف	ز	ؤ
ح	ح	إ	ل	ئ	إ	ب	ي	ن	د	ا	ع	م	ل	ا
ر	ؤ	ا	ط	ا	ت	ة	ط	ك	ب	ف	خ	ظ	ف	ر
ا	ع	ي	م	ة	ث	ع	ل	ا	ب	م	ع	ي	ي	ى
ر	ح	و	ة	ق	ة	غ	س	ط	ؤ	ا	ا	ؤ	ا	ؤ
ة	ش	ى	ر	ف	ؤ	ص	ك	و	ؤ	ح	ز	ص	ص	ع

كوف	هجرة
جليد	المعادن
الحفظ	درجة الحرارة
البعثة	طبوغرافيا
صخري	بيئة
باحث	الطيور
جغرافية	ماء
شبه جزيرة	طقس
الجزر	رياح
قارة	علمي

30 - Fahren

ب	خ	م	ت	ط	ة	ح	ؤ	ب	ط	ح	د	ك	إ	م
ل	ف	د	ص	خ	ع	ا	ل	ح	ذ	ر	س	ق	ة	ة
ؤ	ك	ر	ا	ا	ط	ف	آ	ك	ف	ك	ح	ز	ف	م
م	م	ف	ر	ا	م	ل	و	غ	ة	ص	ق	ق	ك	ح
ل	ث	و	ر	خ	ر	ة	م	ث	ص	م	ا	ف	ع	ر
ن	ف	ق	ب	إ	غ	ط	ع	ع	ل	ق	ن	ا	ك
ؤ	خ	و	ث	ش	ى	ر	غ	ف	ف	م	ذ	م	ج	ز
ئ	ز	د	ي	س	ض	ش	ش	ن	م	ر	ث	و	س	خ
ؤ	ا	ك	ط	ج	إ	م	ط	ص	م	و	ص	ر	ر	ن
ح	إ	ي	خ	ز	ا	غ	ث	ض	ر	ع	ي	ط	ض
ا	خ	و	غ	ز	ع	س	ي	ا	ر	ة	ط	ع	خ	آ
ل	د	ر	ا	ج	ة	ن	ا	ر	ي	ة	ن	ن	م	أ
ن	ا	ض	و	ق	ؤ	ع	خ	ح	ص	ش	ط	ر	ى	ط
ق	ج	ز	خ	إ	ث	ض	ق	ى	آ	ي	ث	و	إ	ف	ئ
ل	آ	ت	ق	آ	خ	ة	ن	ح	ا	ش	ذ	ئ	خ

شاحنة	سيارة
محرك	فرامل
دراجة نارية	وقود
شرطة	حافلة
أمن	كراج
النقل	غاز
نفق	خطر
حادث	سرعة
حركة المرور	خريطة
الحذر	رخصة

31 - Physik

ث	خ	س	ر	ع	ة	ل	د	ا	ع	م	ت	ا	ت	م
غ	ة	ز	س	ث	ل	ق	د	م	ش	ج	ط	ل	آ	ت
ج	ص	ؤ	ا	ض	ت	ث	د	ب	ر	ط	ن	م	ج	غ
س	ز	ض	ن	ط	ك	ي	ظ	ب	ئ	إ	ع	غ	ة	ي
ي	ا	ل	ن	س	ب	ي	ة	ض	ل	ش	ب	ن	ز	ر
م	غ	ق	ي	خ	ع	ف	ا	خ	س	ع	ر	ا	ر	ي
د	ط	ك	ل	ل	ر	ا	ر	ش	ح	ت	ض	ط	ل	ف
د	ا	ر	م	ث	ج	و	ط	ر	ق	د	ج	ي	ي	ب
م	ح	ر	ر	ك	ب	ح	ئ	ر	م	ا	ح	ة	س	ب	ف
و	ة	ر	ذ	ك	إ	و	ع	ر	ظ	ج	ظ	ي	ز	ظ
ة	ت	د	ي	م	ل	ا	ع	ك	ف	آ	ظ	ة	ى	ز
د	ر	ش	و	ش	د	ب	ط	د	ب	ط	ؤ	ت	ض	ن
ر	د	د	ز	ا	ك	ي	ن	ا	ز	ك	ي	م	ش	و	ئ
ب	د	د	ل	ن	ن	و	ر	ت	ك	ل	إ	و	ف	ط
ل	ع	ث	ج	غ	ذ	ى	ك	ت	س	ر	ي	ع	د	غ

المغناطيسية	ذرة
كتلة	تسريع
ميكانيكا	فوضى
مركب	كثافة
محرك	إلكترون
نووي	تجربة
جسيم	معادلة
النسبية	تردد
عالمي	غاز
متغير	سرعة

32 - Bücher

ر	م	ف	ل	ؤ	م	ا	ل	ك	ل	ا	ق	ا	ي	س
ض	و	ل	ذ	ض	ص	ر	س	ل	س	ل	ة	ل	ص	غ
ق	و	ح	ح	ى	ت	و	ب	ذ	ن	ق	ظ	ا	ف	ى
م	آ	ط	ا	م	م	ا	ش	ض	ن	ص	ز	ح	م	م
ى	غ	د	ق	ل	ة	ي	ب	د	أ	ي	ن	د	ة	غ
إ	ا	ى	ا	ق	ة	د	ق	إ	ض	آ	و	ا	ا	ض
م	ع	ر	م	ئ	ى	ع	ص	ب	ل	ة	و	ا	ن	ض
ك	غ	ش	ق	ر	ح	ذ	ا	ل	ف	ر	ش	ج	و	و
ت	ذ	ى	ص	ا	ة	ن	غ	ب	ج	ؤ	ش	ي	ت	ى
و	ح	ط	ة	ق	ن	ي	ش	ظ	ة	ش	و	ة	ظ	و
ب	ق	ا	ل	ا	ر	ي	و	ي	ت	ا	ر	خ	ي	ح
و	ل	ع	ا	و	ك	ت	م	ب	د	ع	و	ل	و	ل
إ	ح	د	ع	ل	ا	و	ك	ش	ع	ر	ف	ؤ	د	ق
ش	ض	ت	ف	ف	غ	ك	س	ش	ع	ر	ف	د	ر	و
خ	و	ذ	و	ن	أ	ص	ة	و	د	ر	و	ر	ج
د	ظ	ف	ش	ر	د	إ	ص	م	ة	و	ع	م	ج	م

مغامرة	روح الدعابة
مؤلف	مجموعة
الازدواجية	سياق الكلام
ملحمة	قارئ
مبدع	أدبي
الراوي	شعر
قصيدة	رواية
قصة	صفحة
مكتوب	سلسلة
تاريخي	مأساوي

33 - Menschlicher Körper

س	ر	ى	غ	ض	م	ف	غ	ئ	و	ق	ص	ث	إ
ق	ل	ل	ا	ن	ؤ	ت	ط	ص	ذ	ق	ذ	ذ	ؤ	ة
ب	ق	ث	ق	غ	ف	ل	س	إ	و	ت	ح	آ	ى
ا	ا	ر	ض	ة	ح	و	ذ	ع	ص	ح	ق	ئ	غ	ل
و	أ	ؤ	ج	ف	ذ	ج	ئ	ر	ز	ن	ؤ	ن	ل
ح	ن	ذ	أ	ظ	ذ	ج	ب	ص	ع	ل	ر	ف	م	ؤ
ن	ف	ر	ر	ع	خ	ص	ت	ض	ش	ا	ق	ص	د	غ
ن	ا	و	آ	ث	ع	د	م	ا	غ	ب	ع	ز	م
غ	ر	ئ	ى	س	ؤ	و	ل	ج	ر	ح	ة	ش	ة	ن
ف	ض	ة	ذ	و	ث	ك	ج	ف	ف	ق	ن	ق	خ	ت
ح	ع	ب	ظ	ح	ي	ب	ت	ذ	ه	ق	ن	ى	م	غ
ي	ث	ك	ض	ن	خ	ب	ل	ع	ش	س	ك	ق	ث	ل
ف	ص	ر	ا	ؤ	ف	ر	خ	ر	ف	ؤ	ج	م	ج	ل
ح	ة	ط	ي	ذ	ؤ	ب	و	ح	إ	ؤ	ب	و	ح	إ	ز
آ	ر	ج	و	ب	ل	إ	ج	ذ	ا	ى	د	ئ	ؤ

فاك

ذقن   رجل

ركبة   دم   كوع

كاحل   إصبع

رئيس   دماغ   وجه

فم   رقبة

أنف

أذن   يد

كتف   جلد

لسان   قلب

34 - Agronomie

ق	ي	ز	غ	ط	ن	ع	ة	م	ظ	ن	أ	ل	ا
ر	ح	ف	م	ب	ز	س	ل	ب	د	ف	ق	ع	ر
و	ب	ؤ	ث	ض	م	ن	ع	ت	ج	خ	ا	ش	ف
ي	ن	ت	س	م	ا	د	ا	م	ز	خ	ل	ك	آ	ت
ب	ا	ش	آ	ل	ت	ن	ت	ا	ل	ث	و	ل	ت	ا
ت	ص	ي	ج	ق	ن	م	ب	ت	ح	ش	ش	غ	ب	و
ا	ب	خ	س	ط	إ	ن	ي	د	ئ	ح	ؤ	د	ض	ر
ل	ر	ك	ئ	ص	ط	ئ	ط	إ	م	ل	ط	س	ض
ل	ب	ن	ت	ق	ظ	آ	ة	ف	ز	ك	غ	ى	ص	خ
ز	ئ	آ	خ	ك	ى	ض	د	إ	ن	ي	ك	ؤ	ذ	ح
ث	ن	ة	ب	ت	و	م	ن	ك	ا	و	ة	س	س	ش
إ	ش	د	ذ	ب	ت	ج	ي	ي	ة	ق	ا	د	ط	ع
ص	س	ك	ق	ف	ل	ا	آ	ل	أ	م	ر	ر	ا	ذ
ة	س	ا	ر	د	ض	ج	ف	ك	ت	ى	ر	د	ب	ض
ل	ؤ	ك	ح	ت	ة	ع	ا	ر	ز	ب	ي	ئ	ة	إ

علم البيئة	تربة
نباتات	سماد
إنتاج	طاقة
دراسة	تآكل
الأنظمة	خضروات
بيئة	الأمراض
التلوث	زراعة
نمو	قروي
ماء	مستدام
علم	عضوي

35 - Landschaften

ج	ص	ش	ى	ى	غ	ر	ه	ن	ض	ة	ة	ط	س
ب	ح	آ	إ	ز	ن	ل	ش	ا	ل	ن	ج	ف	خ
ل	ح	ج	ن	ش	ا	د	ل	ؤ	ه	ك	ف	ر	ظ	ا
ج	ز	ت	د	ي	د	ت	ب	ح	ر	ة	ع	ؤ	ل	ن
ل	م	ج	ض	ف	غ	ظ	ؤ	ب	ر	ك	ل	ب	ج
ي	س	ف	خ	غ	ب	ز	ش	ف	ي	ئ	ق	ف	ي
د	ت	ج	ج	و	ز	و	ة	ز	ث	خ	ف	ل
ك	ن	ج	ض	ن	ق	ف	ك	ن	ز	ج	ث	ع	خ
ل	د	ئ	ه	ذ	ي	ة	آ	ا	ز	ي	ك	ق	ة
ا	ص	ن	خ	ب	ش	د	ض	ا	ج	ر	ت	ع	ش
ن	ك	ي	ن	ن	ش	ئ	ا	د	ع	ظ	ف	ة	و	ى	ض
غ	ئ	د	ب	ئ	ث	ص	و	ط	ت	ن	د	ر	ا	ط	ض
ن	ل	ب	ح	س	ت	ط	ت	ئ	ص	ح	ر	ا	ء	ج
ط	ؤ	و	ر	ن	إ	ل	غ	ق	ي	ح	ل	ق	غ	ن	ز
ج	ى	ف	ا	ا	ؤ	ب	ك	آ	ة	ج	ل	ث	م	ذ

جبل	بحر
جبل جليد	واحة
نهر	بحيرة
سخان	شاطئ
مثلجة	مستنقع
الخليج	وادي
شبه جزيرة	تندرا
كهف	بركان
تل	شلال
جزيرة	صحراء

36 - Abenteuer

ج	ى	ث	ك	ز	ك	و	ن	غ	ن	خ	ا	ز	غ	س
ث	خ	ن	د	ئ	ن	ة	ذ	ؤ	ئ	ى	ص	ب	ل	ز	د
ث	ع	س	س	ش	ك	و	ا	ف	ض	ا	م	ا	س	ل	ن
ص	ز	س	س	ق	ذ	ض	ع	ر	ق	ي	س	ي	ق
د	غ	خ	د	ي	ض	ظ	ب	ش	إ	س	إ	ث	و	ك
ئ	د	د	ي	ر	ى	ث	ك	ق	إ	ا	س	ا	ق
ر	إ	ة	ا	د	ع	و	ى	ر	م	ذ	ؤ	ب	ث	ف
ل	ة	ش	ج	ا	ع	ة	ح	ا	ل	م	ل	ا	ر	ط
ة	ح	ا	ل	س	ف	ر	ر	ظ	ي	م	ل	م	ص	ي	ب
أ	ب	ج	ا	ف	م	ن	ش	ا	ى	ط	ة	ن	ض	ي
ب	ا	ؤ	خ	ل	ا	م	ج	ص	ك	ظ	ث	ب	ح	ع
و	ر	ق	ط	ش	ل	أ	ح	ذ	ف	ص	ن	ع	ت	ة
ع	د	ص	ي	س	ا	م	ح	ا	ف	ا	ر	ح	ن	ا
ص	غ	ي	ر	ع	ا	د	ي	ش	ى	ب	ن	إ	ص	ن
ح	و	ج	ه	ة	ل	ح	ر	ل	ا	ر	ا	س	م	إ

نشاط	السفر
انحراف	مسار الرحلة
حماس	جمال
فرصة	صعوبة
مرح	أمن
اصحاب	شجاعة
خطير	غير عادي
طبيعة	مفاجأة
الملاحة	تحضير
الجديد	وجهة

37 - Flugzeuge

ا	م	ا	ب	ي	ف	ؤ	ح	و	ا	ر	م	ق	ب	ط
ل	ح	ل	ن	آ	س	ك	د	ر	ا	ح	ة	س	ا	ي
ت	ر	غ	ا	ع	ح	ن	ك	ي	ؤ	ى	ر	ق	ر	خ
ص	ك	ل	ء	ض	م	ك	ط	و	ج	ض	م	ط	ط	س
م	ت	ا	ا	ب	ل	ق	ن	ت	ل	ا	ا	ش	ض	غ
ي	ع	ف	و	د	و	ق	ل	ذ	س	غ	ا	د	ا	خ
م	ك	ا	ه	خ	ي	ر	ا	ل	ت	ا	م	ئ	د	ب
ع	إ	ل	و	ك	ف	ط	ع	ذ	م	س	ة	ئ	ئ	ئ
د	ن	ج	ر	ح	ف	ذ	ا	س	ل	ا	ف	ئ	ب	ج
ن	س	و	ش	آ	ط	ن	ذ	ر	ة	ع	آ	م	غ	ر
ك	م	ي	ن	و	ل	ا	ب	ت	ل	آ	ط	ط	ى
ق	ا	ى	ص	ن	ق	ك	ف	ل	ث	ج	ش	آ	ع
ة	ء	ذ	إ	ن	ى	ح	ا	ض	ظ	ر	د	ذ	ز
ل	س	د	ث	ئ	ص	ح	ر	ع	ق	م	ا	ز	ج	و
ت	ة	ل	ص	ا	ن	ي	ج	و	ر	د	ي	ه	ق	آ

مغامرة	بناء
اصل	هواء
الغلاف الجوي	محرك
بالون	التنقل
وقود	راكب
طاقم	طيار
التصميم	مراوح
التاريخ	اضطراب
سماء	هيدروجين
ارتفاع	طقس

38 - Haartypen

ع	ج	و	ظ	أ	ر	أ	ث	خ	ص	ة	ر	ي	ص	ق
ت	ع	ض	س	ق	آ	ص	ع	ض	ن	ى	ف	د	ث	ر
ج	ة	و	ي	ث	خ	ل	د	ط	ا	ب	ض	ا	ح	ص
ع	د	ق	ت	م	ج	ع	د	ى	م	م	م	خ	ح
ي	ئ	ل	ر	ط	ك	م	ى	ك	ت	ب	ز	ل	ع	ي
د	ل	ؤ	ص	آ	ك	ى	ف	ث	ب	م	م	ة	ض	ف
ا	ض	ي	ب	أ	م	ن	ا	ع	ب	ت	ع	ي	ب	ب
ل	ث	د	د	ت	ك	ظ	ل	ج	ن	م	ن	أ	ث	ر
ش	ح	ة	ز	ة	ح	ق	ض	ا	ي	و	ز	ش	ص	ض
ع	ي	ث	ك	ي	ا	ف	ف	ث	ج	ظ	ق	و	س
ر	ا	ح	ظ	ب	ظ	ا	ي	ق	ف	ح	ص	ر	ح	ك
ي	ع	ل	ن	ط	ر	ئ	آ	ى	ط	ن	ل	غ	ت	ؤ	غ
ص	ج	س	آ	و	خ	غ	ر	ل	ؤ	ئ	ك	ح	ح	ا
ر	ج	ي	ل	ا	ى	ص	ن	ج	آ	ي	ت	ك	غ	د
ظ	ل	م	ذ	ي	ن	ظ	ؤ	ح	غ	ك	ي	م	س

أشقر	طويل
بني	تجعيد الشعر
سميك	مجعد
رقيق	أسود
ملون	فضة
مضفر	جاف
صحي	ناعم
رمادي	أبيض
أصلع	متموج
قصيرة	الضفائر

39 - Essen #1

ب	غ	ئ	إ	ا	خ	ظ	ع	ص	ا	ظ	ت	ب	ئ	د
ذ	ث	ذ	ل	ي	م	و	ن	د	م	ظ	م	م	خ	ك
ؤ	ا	م	ة	و	د	و	ل	ا	ت	ف	ل	ك	س	ك
س	ل	ح	ج	ك	د	ح	ض	ا	ف	ث	س	خ	ق	ع
خ	ك	س	خ	ص	ز	ي	إ	ز	خ	ظ	ن	ا	ب	س
ر	ب	ا	ؤ	إ	ج	ا	ر	ف	ا	و	ل	ة	ر	ق
ص	ظ	ء	ؤ	ر	ي	ص	ع	ق	ل	ص	ي	ب	ز	ع
ر	ي	ط	ب	ي	ل	ح	ث	ه	إ	ث	ع	ج	ع	
ق	ة	ن	م	ش	ف	ف	و	و	ة	ش	ؤ	إ	ق	غ
د	إ	ح	د	ض	ل	ح	م	ة	و	ع	ا	خ	ي	ئ
ش	ب	ع	ش	ذ	ب	د	ض	ط	ى	ن	آ	ز	ئ	ك
ر	م	خ	ذ	ل	ة	ق	ح	ر	إ	ق	خ	م	ج	م
ة	ن	و	ت	ي	آ	ذ	ن	س	ئ	ز	ف	ث	ف	ذ
خ	ح	ض	ق	ل	خ	ئ	س	ك	ر	ف	غ	ك		
ذ	ؤ	ض	ا	ع	ب	ث	د	ط	ى	ث	ث	ت	ة	

عصير	ريحان
سلطة	كمثرى
ملح	فراولة
سبانخ	لحم
حساء	شعير
تونة	قهوة
قرفة	جزر
ليمون	ثوم
السكر	حليب
بصل	لفت

40 - Ethik

ف	ا	س	ر	ب	ص	ي	إ	ث	ا	ر	م	ز	آ	ذ
ل	ع	ذ	ف	ئ	م	ا	ل	ت	س	ا	م	ح	ط	ط
س	ع	ح	ذ	ل	ع	ق	ص	ن	ج	ط	ت	ع	ط	ص
ف	ق	ي	ط	ق	غ	د	ر	ز	إ	ة	و	ا	إ	ع
ة	ل	ا	و	غ	ق	ا	ح	إ	ص	ا	ي	ل	و	ج
م	ا	ل	ص	إ	ل	ط	ف	ل	ا	د	ج	خ	م
ا	ن	ح	ز	ق	م	ؤ	ل	خ	ث	ف	ق	ر	ت	ح	م
ر	ة	ي	ب	ؤ	م	ا	ن	ب	ث	ي	ة	م	ف	ؤ	ا
ك	ة	م	و	ا	م	ج	ص	ر	ف	غ	ل	ب	ح	ض
م	س	ي	ك	ض	خ	ع	م	ج	غ	ت	ع	ا	و	ن	ذ
ئ	ص	ح	ط	ص	ئ	ش	ي	س	ا	م	و	ل	ب	د
ط	ا	ل	و	ق	ا	ع	ة	ي	ن	س	ن	إ
ض	ج	ع	ش	ظ	م	ط	س	ل	ص	ض	ع	ش	ق	ظ
ص	ث	ؤ	ر	ن	ح	ب	غ	ع	ر	غ	س	ة	ذ	إ
ؤ	ف	إ	خ	ز	ف	ط	ع	ة	ه	ا	ز	ن	ل	ا

فلسفة	إيثار
العقلانية	دبلوماسي
الواقعية	الصدق
محترم	اللطف
التسامح	صبر
معقول	الفردية
حكمة	النزاهة
القيم	إنسانية
كرامة	عطف
تعاون	تفاؤل

41 - Gebäude

ض	ط	ا	م	ن	ي	س	ع	ت	م	ط	ي	ض	خ	ح		
ض	ا	ا	ك	خ	ض	م	ا	ط	ز	س	ا	ج	ى	إ	ك	
خ	إ	ق	ت	م	ئ	م	و	ق	ت	ض	ا	ة	ذ	إ		
ؤ	آ	ص	ب	ع	ل	م	ب	د	ش	ل	ق	ا	ك	ن		
ة	ؤ	ق	ر	ل	ئ	م	ف	ة	ف	غ	ر	ح	آ	ة		
ئ	ض	ت	ص	ة	ك	آ	ف	م	ى	ظ	ا	ف	ف		
ت	ؤ	ك	د	م	غ	ك	ح	ر	س	م	د	ة	ظ	ذ		
ص	ح	ر	ظ	إ	ي	ع	ت	ا	ل	س	ف	ا	ر	ة		
د	آ	ا	ق	ك	ب	ث	م	ل	ج	م	ن	ع	م		
ن	غ	م	ض	ت	ر	ل	ق	د	ن	ف	ن	ر	ن	ي		
ز	ج	ر	ج	ط	ش	ا	ب	ة	ر	ي	ظ	ح	ص	خ		
ل	ب	ب	ق	ؤ	ر	ج	ث	ض	س	ح	ج	م	د		
ة	ر	و	ص	ق	م	ل	ا	ى	ص	ط	ة	ئ	ة		
غ	ج	س	ك	آ	غ	د	ج	ط	ئ	م	ن	و	ح		
م	ز	ر	ع	ة	م	ا	ل	ج	ظ	ش	م	ج	ض		

متحف	مزرعة
مرصد	السفارة
حظيرة	مصنع
مدرسة	كراج
ملعب	نزل
سوبر ماركت	فندق
مسرح	المقصورة
برج	سينما
جامعة	مستشفى
خيمة	مختبر

42 - Mode

ى	إ	م	خ	غ	ة	ل	ل	ف	ظ	ا	ت	ج	ا	ه
ت	ص	ؤ	ذ	ش	أ	ي	غ	ل	ى	خ	م	ز	ل	ك
خ	ا	ث	ن	ب	ن	ث	ك	ي	ل	م	ت	ع	د	ى
ر	ح	ط	ى	و	ي	د	ح	ن	ح	ئ	ط	ص	ا	ش
خ	ل	ظ	ش	إ	ت	ق	م	ط	ت	و	ط	أ	ن	م
ل	ذ	ر	ى	م	ذ	ي	ى	م	ذ	ي	س	ؤ	ز	ت	ب
ذ	ل	م	ن	ن	ك	ت	ك	د	ز	ي	ب	ر	ز	س
س	ا	ر	د	إ	ل	ت	ج	ح	غ	ؤ	ا	ل	ي
غ	ث	ي	أ	ة	ع	ف	ي	ل	ص	أ	ت	ر	ظ	ط
ب	م	ح	ل	ض	ن	ة	ط	ا	ك	ب	ر	غ	ط
ي	ع	إ	ش	ا	م	ط	ق	م	و	د	و	إ	ؤ	ف
و	إ	ر	ت	خ	ز	ن	ط	خ	ت	ؤ	و	د	ا	غ	ش	ف	م	ح	خ
ؤ	ت	ر	ح	م	ش	آ	س	م	ة	ئ	غ	إ	د	ة
م	د	غ	ل	ص	ب	و	ح	آ	ج	آ	ض	ئ	ي	د
ج	ف	آ	ا	ح	س	ن	ب	س	ل	م	ث	ؤ

متطور	عملي
متواضع	الدانتيل
بوتيك	تطريز
بسيط	نمط
أنيق	قماش
ملابس	أزرار
مريح	مكلفة
الحد الأدنى	نسيج
حديث	اتجاه
أصلي	

43 - Essen #2

ؤ	خ	ر	ر	ج	ز	خ	ب	غ	ي	ث	ب	ي	ض	ة
ب	ز	ظ	آ	ح	ب	ض	ي	ظ	ك	م	س	ت	آ	ت
ى	ت	ا	ش	ل	و	ز	ذ	ر	ظ	ا	ج	ح	آ	ا
ز	ب	ئ	ز	ط	ر	ي	ز	ن	خ	ل	ا	م	ح	ل
ص	ن	ذ	ج	ط	ل	د	د	ر	ح	ف	ب	ق	د	و
خ	ث	د	ف	غ	ذ	ا	أ	ج	ب	ا	ج	ك	ك	ك
ي	ذ	ت	و	ط	ؤ	ب	ي	ل	ذ	ف	ر	ر	خ	و
ب	ت	ة	ش	غ	خ	ز	م	ن	ف	ت	ز	غ	د	ش
س	ي	ة	ر	ش	ت	ج	ب	و	ر	ب	و	ك	ل	ي
ي	م	خ	ا	ة	ا	ل	ي	ح	خ	خ	م	ك	ك	ب
ج	ا	ث	ل	ت	ن	س	ط	ل	ذ	ع	إ	ئ	ر	ث
ة	ث	ي	ع	ط	ج	ض	ا	ه	و	آ	ش	ر	ف	م
ز	ا	ت	م	ط	ا	م	ط	ب	د	ؤ	ش	إ	س	ف
ل	ؤ	ل	ض	ص	ع	س	آ	ع	ر	ب	ج	إ	ح	
ك	ش	ك	ي	س	إ	ط	ع	ز	ض	ك	غ	ن	ى	ح

كرز   تفاح
لوز   خرشوف
فطر   باذنجان
أرز   موز
لحم الخنزير   بروكلي
شوكولاتة   خبز
كرفس   بيضة
هليون   سمك
طماطم   زبادي
قمح   جبن

44 - Energie

ظ	ت	ل	ب	خ	ه	ي	د	ر	و	ج	ي	ن	ا	إ
ف	ي	ط	ظ	إ	غ	د	ئ	و	ق	و	د	ع	ل	ا
ا	ل	ب	ط	ا	ر	ي	ة	ا	م	س	ض	ت	ك	
إ	د	ي	ز	ل	د	ر	ك	ب	د	و	ل	و	ت	
خ	ر	م	ص	ز	ث	ج	ا	ر	ر	ي	ج	ر	ر	
ي	د	ي	ن	ة	ر	ت	ح	غ	ب	و	ه	و	ب	و
ز	ا	ط	ا	ى	ي	ل	ح	م	ص	غ	و	ك	ي	ن
ط	ق	ر	ع	م	ب	غ	ظ	ط	ؤ	ن	ن	ا	خ	
س	ر	ؤ	ة	غ	ل	ؤ	ن	ذ	م	ث	ة	ا	ؤ	ت
س	ي	ؤ	ط	س	ا	ب	ن	ز	خ	إ	ف	ت	و	ذ
آ	غ	س	و	ض	ذ	ا	ي	و	آ	ي	ز	و	ظ	
ا	ل	ت	ل	و	ث	ق	ئ	و	ع	م	ن	ت	ق	
ش	ص	ط	ل	ر	ش	ط	ة	ي	ق	ث	د	و	ث	ة
ل	س	و	ب	ف	ا	خ	ئ	ذ	ل	س	ن	و	ش	
ئ	ض	ظ	ن	و	ة	ر	ص	ي	ج	ت	ث			

البطارية	كربون
بنزين	محرك
وقود	نووي
ديزل	فوتون
كهربائي	شمس
إلكترون	التوربينات
غير قادر علي	بيئة
قابل للتجديد	التلوث
حرارة	هيدروجين
صناعة	ريح

45 - Familie

ع	م	ة	ق	ل	ف	خ	ا	غ	ظ	غ	د	ئ	ض	ق
د	ق	ع	د	ض	ح	ج	ل	ص	ظ	س	ل	د	ي	ث
د	ل	ش	ق	ي	ق	ر	أ	ر	ي	ط	ى	إ	ذ	ض
أ	ا	ا	ج	ة	ل	و	ف	ط	ا	ة	ل	ح	ر	م
م	ض	د	ى	ئ	ب	ل	ف	ج	د	و	ث	ث	ش	ي
د	ش	ة	ى	ث	ج	س	ا	و	ض	ح	ق	ظ	س	ج
ز	ت	آ	ط	ص	غ	ف	ل	ز	س	د	ح	ذ	إ	و
ة	ع	د	ط	ذ	ز	ا	ب	ل	ا	ص	ت	ا	ى	خ
ض	و	غ	ك	ض	ج	و	ا	ا	ص	ش	ب	ب	أ	ئ
ن	ة	ت	ى	ع	ح	ب	ث	ج	أ	ط	ن	ح	م
ا	خ	ق	م	ب	و	ث	ظ	ة	ط	خ	ة	ؤ	ن
آ	ب	ا	ل	أ	م	ح	ف	ي	د	ف	آ	ت	ب	ش
ة	آ	ن	ة	ل	و	غ	د	ب	ن	ل	ث	ص	د	و
ط	ش	ئ	ع	ا	ب	ن	أ	خ	ض	ف	ف	ش	س	ص
ك	ت	ة	ش	م	ز	ع	ص	ذ	ا	و	ك	إ	آ

شقيق	الأم
زوجة	ابن أخ
الزوج	العم
حفيد	أخت
جدة	عمة
جد	ابنة
طفل	أب
الأطفال	الأب
مرحلة الطفولة	ابن عم
أم	سلف

46 - Pflanzen

ج	ى	ة	ك	ة	د	ك	ف	ع	غ	ص	ن	إ	ة	ج	ن
س	ك	ي	ر	ا	ب	ل	ظ	ص	ش	ذ	ز	ز	ذ	ص
خ	ة	ت	ل	ن	ب	ا	ؤ	ل	م	ز	ط	ص	ر	ر	ط
ز	ف	ا	ص	خ	و	م	ث	ل	ط	ا	ي	ل	و	ص	ا	ح
ز	ج	ب	إ	ذ	ق	ى	ل	ح	إ	ش	ج	ر	ر	ة	ل
ل	ع	ن	س	ق	ق	ت	ر	ن	ل	ر	ر	س	ج	غ	ب
ئ	ق	ل	ت	ز	ئ	ة	ب	ف	خ	ز	ت	ا	ق	غ	ا
ع	آ	ا	ط	ذ	غ	آ	ة	ر	ب	د	ل	ؤ	ل
ك	ح	و	ب	م	ا	غ	ه	ت	ب	ا	م	ط	ب
ع	غ	و	ؤ	ز	ا	ى	ز	ب	ن	ز	غ	و	ة	ل
ش	ك	ع	ظ	غ	ض	ق	ة	ل	ت	ب	ك	ي	ا	ا	س
ب	م	د	ر	ك	ق	و	خ	ؤ	و	د	ي	ر	ب	م
آ	ق	ف	ي	ي	ج	ك	ي	ذ	ش	و	ب	ت	ا
آ	ت	ت	ي	ق	د	ك	ي	ج	ا	أ	د	د
ا	ر	ت	ب	إ	ح	ئ	ل	ظ	م	ط	ش	ا	ذ	ت

بامبو	لبلاب
شجرة	النباتية
بيري	حديقة
ورقة	صبار
زهرة	عشب
البتلة	أوراق الشجر
فاصوليا	طحلب
علم النبات	نبت
بوش	غابة
سماد	جذر

47 - Kunst

ظ	ذ	ص	ئ	ش	و	س	ص	ة	ك	ث	ا	ح	ؤ	ن
ح	ط	غ	ب	ل	غ	ق	س	ل	ر	ب	ل	ا	ن	ح	ت
س	د	ح	ئ	ا	إ	ن	ط	ل	إ	ا	ئ	ح	د	س	م
د	م	ش	ض	ق	ح	ش	د	ت	ر	ع	ر	و	ي	د
ب	آ	ع	ب	ك	ر	م	ز	ا	ج	ع	ي	ي	ك	ح	د
ك	ص	ر	آ	ي	ي	ة	م	م	ن	غ	ا	ت	ل	ف
ط	ت	إ	ع	م	و	ش	ر	ب	ر	ث	ل	ئ	ك	د
ى	ا	ش	و	ا	ص	م	ص	ر	ش	ف	ي	ذ	ل	إ
ت	ح	ض	ئ	ر	ت	ك	غ	خ	ى	ج	ة	ث	أ	ب
ض	و	ط	م	ي	ض	د	ص	ذ	ن	د	د	ه	ص	س
ع	ل	ر	ل	آ	ل	ك	ن	ث	ي	غ	س	ل	ل	ي
ث	ف	خ	ظ	ص	ر	ر	ي	ب	ع	ت	ل	ا	ي	ط
ك	ب	ظ	ث	ص	ة	ذ	آ	ض	د	ز	ذ	ن	ة	ط
ح	ف	ظ	ب	ؤ	د	ئ	ف	ؤ	ص	غ	ا	ا	ة	ت
ى	ا	د	خ	إ	ة	ي	ق	د	ا	ص	ؤ	م	ل	خ

شخصي	التعبير
شعر	صادق
تصوير	بسيط
النحت	موضوع
مزاج	لوحات
السريالية	ربما
رمز	سيراميك
بصري	مركب
تكوين	أصلي

48 - Gewürze

ت	د	ل	ى	ذ	ف	ذ	ز	ث	ظ	آ	ب	ت	و	ث
ئ	ع	خ	ج	ن	ك	إ	ح	ح	خ	ط	ا	خ	ؤ	د
ر	ط	ظ	ح	غ	ئ	ل	ت	ض	م	ي	ح	إ	ي	
آ	ش	م	ف	د	ص	ك	ف	ط	ئ	د	ط	ك	ض	
س	ض	ح	ف	ز	ط	و	ض	ط	ش	ج	و	خ	ن	
م	د	م	ل	ح	ب	ا	ل	ه	ا	ل	ؤ	ص	ح	و
ى	ظ	ا	ة	ف	غ	ئ	ا	ا	س	ف	غ	ك	س	
ب	ج	ح	ز	ل	ز	ع	ف	ر	ا	ن	إ	ع	ئ	ن
و	ل	ص	ب	ف	ن	ن	ك	ه	ة	ر	م	ش	ل	ا
إ	ن	د	ت	ل	ث	س	ق	م	ك	ق	ن	ث	ي	ي
ن	ي	ر	ا	ك	ج	و	ز	ة	ل	ط	ي	ب	ل	
غ	ش	ن	ن	م	ق	ف	ا	ن	ي	ل	ا	ث	ج	ا
ت	ئ	ر	م	ق	ف	و	و	ب	خ	ف	ص	و	ن	ر
ذ	ز	ق	س	و	ل	ا	ق	ر	ع	ج	م	ز	س	
ف	ل	ف	ل	أ	ح	م	ر	ن	ي	ة	خ	ق	ئ	

القرنفل   اليانسون

فلفل أحمر   مر

فلفل   كاري

زعفران   الشمرة

ملح   نكهة

حامض   زنجبيل

حلو   حب الهال

فانيلا   ثوم

قرفة   عرق السوس

بصل   جوزة الطيب

49 - Kreativität

ج	م	ن	ع	غ	ا	خ	إ	ح	و	ر	ط	ى	ط	إ
ث	ش	ج	ذ	ف	ن	ي	ح	ي	و	ة	ن	ح	ع
ج	ا	ح	م	ئ	ط	ا	ا	ة	ر	ة	م	ر	س	ة	ص
د	ع	ئ	و	ت	ب	ل	ي	ا	ش	ز	ا	د	ز	ث
ر	ر	ج	ل	ب	ا	و	ك	ي	س	ه	ح	م	ذ
ا	ق	م	ب	د	ع	و	ف	ف	د	ظ	م	ل	آ	ة
م	و	ة	ط	ت	ؤ	ك	ع	أ	ئ	آ	ي	ا	ة	ئ
ر	ع	ل	ق	ئ	ؤ	ة	ل	أ	ي	ا	أ	ئ
ت	ؤ	ا	ت	ر	خ	ؤ	ح	ا	ف	آ	إ	ك	ض	ط
ي	ح	ك	ش	س	ة	ص	ل	ة	ا	ث	ة	ا	ت	و
ك	ل	د	س	و	ض	ح	و	ع	ض	ق	س	ط	ط	ك
ة	ي	د	ي	ا	ل	ر	ؤ	ى	د	ط	ة	د	ع	ش
ت	ظ	ج	و	ة	ل	ة	آ	ف	و	ت	ب	ت	ض	غ
ق	ي	ل	ب	ل	ا	آ	م	ا	ه	ل	إ	ا
خ	ر	ى	ة	س	ك	ط	ذ	ؤ	ف	ق	ض	ث	ي

التعبير	الإلهام
أصالة	شدة
صورة	الحدس
دراماتيكي	وضوح
انطباع	فني
مبدع	خيال
مهارة	إحساس
سيولة	عفوية
مشاعر	الرؤى
الأفكار	حيوية

50 - Geschäft

ث	م	إ	د	ر	ي	د	م	خ	ص	م	ذ	آ	ز	ب
ا	م	ح	ة	ف	ل	ك	ت	ا	ص	ل	ي	ل	ض	ظ
ل	ي	ج	ى	ل	ة	ج	ح	ب	ة	ل	آ	ن	ك	ا	ذ	ؤ
ض	ز	ي	ي	ئ	ع	ة	ل	ي	ح	ض	ر	ة	ظ	ن	س
ر	ا	ة	ح	ض	إ	ع	ف	ظ	و	م
ا	ن	ؤ	ح	ر	ا	م	ث	س	ت	ا	ق	م	ث	ب
ئ	ة	ط	م	ت	ج	ر	د	ر	ص	ت	ق	م	ل	ا
ب	ة	ا	ض	ي	ت	ت	ا	د	ر	ي	إ	ل	ا
ض	ل	إ	ئ	ظ	ة	ة	ئ	ع	ل	ظ	ق	م	ك	و
ب	ي	ة	ا	ص	ي	ط	د	م	ع	د	ح	ك	ك	ث
ص	ا	ح	ب	ا	ل	ع	م	ل	س	س	ن	ت	ج	ث
خ	ظ	ث	ظ	ث	م	م	ك	ة	ق	ؤ	ي	ب	خ	ب
غ	ج	ض	ث	ئ	ص	ى	ذ	ن	س	ش	ع	ئ	ب	ز	ط
ز	ح	ب	ر	ل	ي	ب	إ	ه	ص	ع	ي	ب	م	ت
آ	ز	م	و	غ	و	ط	ن	م	ص	ا	ئ	ع	ل	ت

التكلفة	صاحب العمل
مدير	ميزانية
موظف	مكتب
خصم	الإيرادات
الضرائب	مصنع
عملية تجارية	مال
بيع	متجر
بضائع	ربح
عملة	استثمار
الاقتصاد	مهنة

51 - Ingenieurwesen

ر	م	ت	ب	ا	م	ظ	ق	ب	ذ	ش	ص	ح	ص
س	ا	ئ	ل	ح	ن	ظ	ن	ا	ى	د	ج	ع	د
م	ا	ذ	س	د	ر	ظ	ا	ز	س	ط	ق	ي	ص
ب	ي	ر	و	ف	ك	ء	إ	ج	ح	و	خ	ز	غ
ي	ق	ل	ع	م	ط	غ	غ	ع	ح	ل	ص	و	م
ا	ؤ	ى	و	ن	غ	آ	ل	ب	آ	م	ص	ت	ث
ن	ي	ك	ت	ت	ي	ئ	ي	س	ط	ي	ش	ئ	إ
ث	خ	آ	ث	ف	خ	ه	ع	ظ	ز	ة	ص	ن	ص
إ	س	خ	ز	ا	و	ي	ة	ع	و	ز	ج	س	ئ
د	ض	ر	ص	ف	ن	ك	ا	ط	ت	ح	ط	ب	ة
ل	ظ	ئ	ن	ص	م	ل	ر	ا	ر	ق	ت	س	ا
إ	ز	ة	م	ع	ص	ذ	ت	ا	ل	ت	ع	ل	ا
ط	ش	و	م	آ	س	ض	ر	ن	ج	ن	ة	ل	إ
ي	ق	ا	ة	ك	ف	ش	و	ص	ع	ت	ش	ط	ؤ
س	ذ	ل	ؤ	ز	ر	م	س	ظ	و	غ	ئ	ق	ي

محور	بناء
الدفع	آلة
حساب	قياس
رسم بياني	محرك
ديزل	استقرار
قطر	قوة
طاقة	هيكل
سائل	عمق
التروس	توزيع
العتلات	زاوية

52 - Kaffee

ن	أ	ش	ر	ض	ش	ن	ح	ي	ب	ج	ل	ت	ج	إ
ذ	س	و	ت	ط	م	ك	ا	ل	أ	ص	ل	د	د	ح
ع	و	ن	ذ	ض	ش	ه	ب	ن	ي	ف	ا	ك	م
و	د	ل	ئ	ة	ر	ص	م	ح	ف	ل	ت	ر	م
ت	ت	ك	ذ	ك	و	ك	ا	م	ط	ئ	ف	ك	م
ض	د	ب	ئ	ظ	ب	ط	ح	ض	ن	ا	ؤ	س	ي
ث	م	ن	د	ك	ك	ؤ	ص	ل	ي	ع	ن	ل	ر
ذ	ؤ	ق	ش	ط	ص	آ	ح	و	و	ي	ة	ا	ك
آ	ق	م	ح	ف	ة	ظ	ش	ب	د	ؤ	ش	ئ	م	ث
س	ك	ة	ذ	غ	ك	ح	ا	و	ي	س	ذ	م	س	ص
ص	د	ل	إ	ة	د	ث	ي	ظ	ث	ؤ	ط	ز	ظ
إ	ق	ط	م	ش	ع	ك	ب	ؤ	غ	ط	ض	ك
ئ	ظ	د	ض	ث	ق	ي	خ	ك	ف	ر	ة	ة	غ
ث	غ	ق	و	غ	ط	ز	ج	إ	ظ	ظ	ض	س	ئ
آ	ح	ت	غ	ز	م	ن	إ	ل	ز	غ	س	و

مر	صباح
كريم	ثمن
فلتر	حمضي
سائل	أسود
مشوي	كوب
نكهة	الأصل
مشروب	نوع
كافيين	ماء
طحن	السكر
حليب	

53 - Gemüse

غ	ز	ض	ف	ر	ف	ي	ب	ص	ل	ز	غ	ت	د	ك
ج	م	ص	ق	خ	ر	ش	و	ف	ج	ث	ئ	ن	ة
ز	ي	ل	ك	و	ر	ب	ت	خ	ط	ت	م	ض	ل	ث
ر	ك	ث	ذ	ر	ح	ؤ	ظ	ي	ن	ي	ط	ق	ي	ي
ت	ؤ	و	ب	ز	ل	ا	ء	ا	ن	ي	ب	ي	ي
ن	ك	م	س	ق	ؤ	ر	غ	ة	ب	غ	ب	ؤ	ن	إ
ت	غ	ح	ا	ل	ب	ط	ا	ط	س	ن	ن	ص	ز	ت
ث	ط	ظ	ض	س	د	ف	د	ل	ا	ا	ر	ئ	ص	ز
ص	ط	خ	و	ش	م	ز	س	ظ	ز	ق	م	ع	ز
آ	م	ط	غ	ة	ب	ا	ذ	ن	ج	ا	ن	ت
ش	ا	ا	ع	ح	ش	س	خ	س	ف	ر	ك	ج	و	ذ
ر	ط	ض	ذ	آ	و	ف	ظ	ث	خ	ل	ب	ع	ت	ث
ذ	م	ع	ق	د	ن	ب	د	ا	س	و	ي	ت	س	خ
ج	و	و	م	ؤ	غ	ظ	س	ح	ل	إ	ت	ظ	ز	ق
ئ	ث	ت	ج	آ	ث	ك	ح	س	ن	و	د	ق	ب	د

خرشوف	يقطين
باذنجان	زيتون
قرنبيط	بقدونس
بروكلي	فطر
بازلاء	لفت
خيار	سلطة
زنجبيل	كرفس
جزر	سبانخ
البطاطس	طماطم
ثوم	بصل

54 - Schönheit

خ	ي	و	ك	ز	ز	ض	ص	ق	م	ن	ه	ج	ط
ل	د	ب	آ	ع	ي	د	ا	ن	و	ا	ر	ح
ذ	ل	م	ز	م	ر	و	ط	ق	ل	ت	ل	ف	ع	ؤ
ل	ل	ا	ا	ة	آ	ت	د	ح	ج	ل	ش	ش	م
ص	ب	ش	ث	ت	ة	م	س	ر	ا	ا	ل	ا	ص
أ	ن	ا	ق	ة	ع	ط	ر	ح	ت	ر	ا	ا	آ
ق	ئ	ل	ع	آ	ى	ل	ج	و	آ	ر	ا	د	س
ل	ذ	ج	ؤ	غ	ج	ز	ر	ج	ت	ف	ك	م	ي	ا
ة	ظ	د	و	ذ	ح	ف	غ	د	ت	س	ح	ع	إ
ي	س	إ	ر	ؤ	إ	ق	ذ	ث	ؤ	ت	ا	أ	ج	ش
ج	ؤ	ت	س	ل	ن	ج	ت	غ	ج	م	غ	ت	د
ل	ك	ح	ح	ف	ن	ش	ة	ؤ	ب	ي	ؤ	ض	ب	ؤ
ئ	ك	م	ؤ	ئ	ص	إ	ى	م	ؤ	ح	د	ب	ح	ؤ
ك	ذ	ز	ظ	د	ق	ا	ع	ؤ	ط	ق	إ	ي	إ
أ	ن	ي	ق	ي	ر	ج	ص	ق	إ	ا	ب	ص	إ

أحمر الشفاه	نعمة
تجعيد الشعر	سحر
زيوت	خدمات
منتجات	عطور
مقص	أنيق
شامبو	أناقة
مرآة	اللون
حلاق	رقيق
ماسكارا	ناعم
	جلد

55 - Tanzen

ض ح ر م ؤ ط ع ر إ ض ؤ ن إ آ
ح و خ ا ل ك و ر ي غ ر ا ف ي ا
ا د ظ ي د ل ق ت م و س ي ق ى
ن ع م ة ك ر ح ي ف ا ق ث ر ا ئ
خ ك ب ي ك ص ش ق ب ث آ ة ف ع ز
غ ظ ك ض ب و ت ج ث ة ف ط ا ع
ح ف ج ي ش م ز ذ ث ك ف ا ن ح س
آ ح ل ا س ل ن ن ر غ ئ س ق خ ؤ د
ث غ ز ا خ ة ب إ آ ر ض ث ح ح ئ
ض ظ ن ل د ر ز ف ق ع ش ي ؤ د ع
آ ض ل ك و ب ي ق و ر ر ذ ا غ ك
ط ت ؤ ف ط ع ض إ ي س ي ع ش ى ي
ص س ة ق ن م ع ك ث د آ ش ب آ ؤ
ج ع د ز ش ة م ي د ا ك أ ل ا
ا ذ ت ك ا ن م ق ب و ج ض ق ع

ثقافة	الأكاديمية
ثقافي	نعمة
فن	معبرة
موسيقى	حركة
شريك	الكوريغرافيا
بروفة	عاطفة
إيقاع	مرح
قفز	الموقف
تقليدي	كلاسيكي
بصري	جثة

56 - Ernährung

ا	ص	ل	ص	ة	ي	م	ح	ى	ل	م	ش	ص	ح	ي
ه	ل	ا	ل	ح	ب	و	ؤ	ب	غ	ص	ر	ف	ز	ى
ض	ح	ك	ص	ث	ن	إ	ش	ش	س	ا	ي	ا	ث	م
م	ر	إ	ط	ز	ب	ا	س	ت	ل	م	ل	ق	ل	ل
ع	ت	ض	غ	ا	ز	ى	ح	خ	م	خ	ز	ئ	ف
ي	ط	ز	إ	و	غ	ج	ن	ل	ن	ت	غ	و	ع
ة	آ	ف	ى	ج	ت	ه ط	ز	ي	ل	ك	ذ	ص	ن
ط	ن	ن	ث	م	ة	ي	ن	ت	أ	د	ي	ت	ة
ف	ي	ت	ا	م	ي	ن	ر	د	و	ك	ف	ا	د	غ
خ	ذ	د	ق	ع	م	د	ر	ز	ل	إ	ظ	ض	ص
ء	ح	ن	ف	ة	ق	ذ	خ	ث	ب	ا	آ	ش	ئ	ف
ز	و	ز	ك	ي	و	ك	ؤ	ل	ل	ت	ح	ط	خ
ج	و	د	ة	ه ف	ؤ	س	ز	ا	ج	آ	س	ي	ع
ض	ة	ا	ن	ش	ة	ح	ص	ل	ا	خ	م	ط	ث
ئ	ة	ت	ز	س	ق	د	ؤ	ت	إ	ج	و	ج	ش

شهية	وزن
متوازن	الكربوهيدرات
مر	المغذي
حمية	جزء
صالح للأكل	البروتينات
تخمير	جودة
نكهة	صلصة
صحي	سم
الصحة	هضم
الحبوب	فيتامين

57 - Länder #1

ق	ث	ث	د	ؤ	د	س	إ	ب	س	ا	ن	ي	ا	إ	ش	ف
ح	إ	ا	د	ن	ل	و	ب	ك	ص	إ	ل	ي	ذ	ن
ا	ك	ق	ر	ق	د	د	ن	ف	س	إ	ه	ط	ش	ز
د	و	آ	ق	م	و	د	خ	ر	ك	ي	ن	ا	ا	و
ل	ا	ت	ف	ي	ا	ي	ا	م	م	م	د	ل	ل	ي
ي	ط	ن	ح	ك	ن	ئ	د	ب	ص	ا	ا	ا	س	ل
ر	ل	ن	و	ي	ر	و	ن	ج	ل	و	ر	ؤ	ا	ل
و	م	ز	د	ث	ق	ث	غ	ن	ش	ي	ق	أ	غ	ا	ض
ا	ر	ك	ح	ف	ي	ت	ن	ا	م	ض	م	ر	ل	ا	ل	ئ
ن	ب	م	ح	ب	ز	ر	ف	ا	ل	ع	ر	ر	ل	ق	ب
ي	ل	ؤ	ة	آ	ن	إ	ح	ن	س	ث	ك	ج	ط
ا	و	ف	ة	ب	ي	ن	م	ن	س	ي	ذ	ع	م
و	م	د	ؤ	ع	ا	ل	ئ	ث	ح	ذ	د	د	ت	ش

لاتفيا	مصر
مالي	البرازيل
نيكاراغوا	ألمانيا
النرويج	فنلندا
بولندا	الهند
رومانيا	العراق
السنغال	إسرائيل
إسبانيا	إيطاليا
فنزويلا	كمبوديا
فيتنام	كندا

58 - Technologie

ر	ق	م	ي	ت	غ	ب	ت	ز	ئ	ص	ح	و	ى
ش	ش	ص	غ	إ	ج	إ	س	خ	ز	و	س	ن	د
ؤ	ك	ى	ث	إ	ة	ن	د	م	خ	آ	ي	ك	د
م	ع	ت	ذ	آ	ت	ا	ي	ج	م	ر	ب	ا	ب
ل	ش	ا	ف	ب	ز	ر	ي	ر	و	س	ز	ب	ح
ا	ت	ر	و	ل	ص	ن	ا	ل	ب	ي	ا	ن	ت
ز	ذ	ق	س	م	ح	ت	ر	ظ	ئ	ا	إ	ة	م
ش	خ	ح	أ	ا	ع	د	م	خ	ط	س	د	ل	ج	خ
ة	ظ	ظ	ح	ا	م	ى	ق	ل	و	ظ	ك	ل	ب	ت
خ	ئ	ت	ل	ذ	ة	ن	ؤ	و	ا	ا	ئ	س	م
ط	ل	ء	ا	ص	ح	إ	ل	ا	و	ض	م	ك	ي	ظ
ش	ا	ش	ة	ي	ض	ا	ر	ت	ف	ا	ئ	ي	ت	غ
ر	س	ا	ل	ة	ذ	ص	ز	ر	ع	ض	و	إ	ر	آ
ش	م	ج	س	ن	غ	ا	س	ئ	د	إ	ص	ي	ا
ؤ	ض	ح	ذ	د	ا	ق	ذ	ر	ى	ح	ل	ة

عرض	بحث
شاشة	إنترنت
مدونة	كاميرا
المتصفح	رسالة
بايت	خط
الحاسوب	أمن
المؤشر	برمجيات
ملف	الإحصاء
البيانات	افتراضية
رقمي	فيروس

59 - Science Fiction

م	ا	ظ	غ	م	ض	م	ظ	إ	د	ح	د	ج	ج	ق
و	ل	ط	ف	س	ة	ه	ت	ق	ن	ق	ي	ة	ل
ا	س	ض	ج	ق	ي	و	ط	ط	ف	ظ	ح	ع	ب
د	ي	م	ه	و	م	ق	ذ	ر	ص	ش	و	ئ	ا	ن
ك	ن	ا	ا	ظ	ل	ا	ر	آ	ل	ث	ف	ع	ر	ا	ق
ي	ا	ل	و	إ	ا	ل	ك	ت	ب	ي	غ	ك	ر	ذ
م	ر	ر	ا	ى	ع	د	ض	ل	ب	و	ا	و	ا	إ
ي	ي	و	ق	ئ	ل	ع	ب	ط	ر	ت	م	ك	ج	ة
ا	و	ب	ع	ض	ا	ف	ح	خ	و	ض	ب	ف	ن
ئ	ذ	و	ي	و	د	ت	ن	ل	ة	ؤ	ن	ن
ي	ت	ت	ز	غ	ض	ر	ص	ج	إ	ي	ز	ع	ا	غ
ة	ط	ا	ث	غ	ي	ث	ط	م	ا	م	ن	ن	ي	س
ة	ن	ت	ح	ض	م	ذ	س	م	ت	ق	ب	ل	ي	ة
ف	آ	ض	ح	ث	ن	آ	ق	ج	ل	ص	س	ك	ق
ب	ص	ح	إ	و	ؤ	آ	ة	د	آ	ق	ي	ق	خ	ى

الكتب	وهمي
مواد كيميائية	سينما
انفجار	وحي
متطرف	كوكب
رائع	واقعي
بعيد	الروبوتات
نار	السيناريو
مستقبلية	تقنية
غامض	يوتوبيا
وهم	العالمية

60 - Literatur

و	ش	ي	م	ت	م	إ	ت	ئ	ص	ط	ك	خ	ؤ
ي	ط	ا	د	أ	ق	و	ؤ	ط	ت	ئ	س	و	ج
ح	ج	ض	ن	س	ا	ض	ؤ	خ	ث	ظ	ص	و	ا
ة	ئ	ا	ش	ا	ب	و	م	ؤ	ل	ف	ك	ل	ت
ح	ك	ا	ي	ة	ف	ع	ي	ر	ا	ش	ن	آ	ن
ط	ع	ي	ي	ن	خ	ع	و	ض	ة	ص	و	ل	ص	ت
ح	ذ	ف	ل	ر	ض	ذ	ا	ذ	ح	ع	ش	ئ	ؤ	س
غ	ا	ج	ش	ا	ك	ي	ر	ي	ج	إ	ؤ	ن	ت	ا
ق	آ	ع	ا	ل	إ	ي	ف	ي	ش	ئ	ث	ط	ض
ي	ح	ز	ة	م	إ	ئ	ا	ض	ص	ة	ط	م	ن	ب
ر	و	غ	إ	ل	إ	ك	ك	ص	خ	ة	ض	م	ص	خ	ز	ث
ب	ا	ل	ق	ي	ا	م	س	ة	آ	ث	ي	ت	ة
ز	ر	ج	خ	ح	ع	ب	ئ	ا	س	ت	ع	ا	ر	ة
س	ؤ	ج	ن	إ	ط	ن	ل	ي	ل	ح	ت	ل	ش	ع
س	ل	ق	ص	ي	ة	د	ي	ا	و	ر	غ	س	م

القياس	استعارة
تحليل	شاعري
حكاية	قافية
مؤلف	إيقاع
وصف	رواية
حوار	استنتاج
الراوي	نمط
خيال	موضوع
قصيدة	مأساة
النوع	مقارنة

61 - Wandern

خ	ق	ل	م	ر	ت	ى	ف	ق	ح	و	ذ	ف	ئ	ر
ح	ح	ب	ت	ش	و	ث	خ	ع	ك	ت	آ	ظ	ث	ث
ت	آ	ج	ض	ع	ش	أ	ة	ق	ل	خ	س	ص	غ	ذ	ج
ا	ج	ف	ب	ح	آ	ي	ع	ق	ق	ر	ذ	د	إ
ل	س	ع	ذ	ت	ل	ي	د	ئ	ط	ي	س	م	ش
ح	ي	ة	م	ث	م	ب	ء	م	ا	ض	خ	م
ي	و	م	ة	ط	ي	ط	خ	د	و	ح	ل	آ	ن
و	م	ق	ل	ر	ة	ص	م	ف	ح	ج	ت	ج	ا
ا	ق	د	ب	د	ل	ح	ر	ل	ؤ	ك	ة	و	خ
ن	ج	ث	م	ن	ا	ا	ت	ج	ا	ه	ت	ح	ظ	ن
ا	ف	ع	ط	ط	ج	ب	د	ف	ض	خ	ث	ن	ظ	ف
ت	ج	ش	م	ل	ح	ث	ث	ش	غ	ة	ح	ذ	م	ق
ذ	خ	ب	ج	ؤ	ل	ص	آ	د	ج	ي	ج	ض	ع	ث
ذ	ع	ر	ؤ	ب	ا	غ	ي	ب	إ	ز	ج	إ	خ	ر
ر	إ	ظ	ب	ج	ن	د	ؤ	ل	ج	ب	ص	ض

جبل	الحدائق
تخييم	ثقيل
المخاطر	شمس
قمة	الحجارة
خريطة	أحذية
مناخ	الحيوانات
جرف	تحضير
متعب	ماء
طبيعة	طقس
اتجاه	بري

62 - Globale Erwärmung

ي	ر	ز	غ	ط	ظ	ر	ف	ؤ	ع	ف	ف	ل	ا	ى
ر	ن	س	آ	خ	ث	ر	ى	ؤ	ف	ش	ب	ر	ل	م
ع	ث	غ	ز	ش	غ	ت	ص	ذ	ا	ت	ظ	م	ق	ى
ة	ص	ن	ا	ع	ة	ب	ز	ذ	ت	ش	ص	ئ	ط	ر
ج	ت	آ	غ	ئ	م	ذ	ي	ة	ا	ر	ل	ص	ب	غ
ى	ي	ل	د	و	ز	ي	ه	ئ	ن	ع	ي	آ	ا	و
س	ل	ا	ي	ج	أ	ل	ا	ك	ا	ع	ت	ئ	ل	آ
ظ	ح	م	ع	ب	خ	ع	ب	ة	ي	آ	ب	ش	ئ
ي	ك	م	خ	ا	ن	م	ت	ق	ب	ل	ت	س	م	ط
ي	و	ر	ع	و	ل	ض	ن	ز	ر	ل	س	ذ	ا	ي
ج	ر	م	ة	ن	ت	م	م	ي	ط	ا	ز	ل	ج
ر	م	ة	ن	ك	ث	ع	ا	ل	س	ك	ا	ن	ط	ي	س
ا	ل	ب	ي	ئ	ة	ؤ	ك	ب	ت	ن	ا	ت	ع
ص	د	ر	ج	ا	ت	ا	ل	ح	ر	ا	ر	ق	ز	ص
ظ	ن	ي	ق	ى	ز	و	آ	ذ	س	ة	ة	ب	ش

القطب الشمالي	دولي
انتباه	الآن
السكان	مناخ
البيانات	أزمة
طاقة	بيئات
تطور	حكومة
غاز	درجات الحرارة
الأجيال	البيئة
تشريع	عالم
صناعة	مستقبل

63 - Länder #2

أ	س	ط	ص	غ	ع	و	ع	ئ	ى	ل	ا	ب	ي	ن
ب	و	ل	ن	ي	ؤ	ر	خ	ي	ي	ي	ا	ز	ت	ا
خ	ا	غ	ا	ي	ر	ي	ج	ي	ن	ب	ل	ع	ي	د
أ	ل	ؤ	ن	خ	ة	ش	ب	ي	ي	ث	ا	و
ل	ي	ن	و	د	ك	ي	ن	ي	ا	ر	ا	ظ	ه	س
ب	د	ر	ب	ي	ا	س	ف	ف	ي	ب	آ	ل	ل	ا
ق	ا	ئ	ل	ث	ة	ك	ج	ح	ن	ا	ا	ا	ر	ا
ي	س	ك	ا	ن	إ	م	آ	غ	ا	ك	ن	ة	ظ	ص
ى	ن	ف	س	س	د	ل	س	ق	ب	ي	ر	ا	آ	ؤ
م	ج	ا	ن	ت	ت	ا	ج	إ	ل	ا	و	س	ص	ض
ؤ	د	ص	ر	ع	ا	ض	ص	ط	أ	م	س	ز	ض	ا
و	ظ	و	ف	ق	ن	ن	ش	ب	ف	ا	ي	د	ؤ	د
أ	و	ك	ر	ا	ن	ي	و	ج	ا	ض	ؤ	د
ة	ى	م	د	ب	ص	س	ؤ	أ	ث	ي	و	ب	ي	ا
ث	ق	ى	ص	ت	ث	ق	ز	ك	س	و	ر	ي	ا	ى

ليبيريا	ألبانيا
المكسيك	أثيوبيا
نيبال	فرنسا
نيجيريا	اليونان
باكستان	هايتي
روسيا	أيرلندا
السودان	جامايكا
سوريا	اليابان
أوغندا	كينيا
أوكرانيا	لاوس

64 - Fahrzeuge

ق	ة	س	ؤ	س	ص	ك	ب	ح	ل	ك	ى	ك	ل	ل
ط	ك	ة	ر	ا	ي	س	ق	ؤ	ش	م	ك	ئ	م	ي
ا	و	ل	ة	ظ	ة	ا	ب	آ	خ	و	ر	ا	ص	م
ر	ت	ف	ض	ر	ر	ؤ	ج	ر	ا	ح	ل	ص	س
ش	ر	ا	و	ب	ق	ز	ش	ذ	ؤ	ت	م	ت	ي	و
ز	ك	ح	ه	إ	ا	م	ا	إ	ذ	غ	م	ن	ا	خ
ج	ل	ؤ	ل	ش	ف	ئ	ذ	ع	ك	ك	ر	ر	ك	ص
ذ	ذ	و	ي	ل	ك	ن	ض	ة	ة	ر	ا	ا	ذ
ن	د	ت	ك	ش	ة	غ	ش	ب	إ	آ	ب	ط	ت	ج
ئ	إ	ط	و	ش	ث	ز	ذ	س	ى	و	ا	إ	ة	ر
ئ	م	غ	ب	ا	ت	ع	غ	ظ	د	ك	ل	ج	ة	ى
ج	ج	ض	ت	ح	آ	ا	ب	ض	ر	ك	ك	ا	ت	ع
ف	ح	إ	ر	ة	ة	ص	ا	و	غ	ف	ن	ر	ئ	ط
ئ	ف	ض	ع	ة	ز	ج	ح	و	م	ض	ى	ف	ت	ح
ظ	س	ى	غ	ص	ة	ط	ق	ة	ض	ر	ا	ب	ع	ا

سيارة	محرك
قارب	صاروخ
حافلة	الإطارات
دراجة	سكوتر
العبارة	تاكسي
طوف	جرار
طائرة	مترو
هليكوبتر	غواصة
سيارة إسعاف	قافلة
شاحنة	قطار

65 - Musikinstrumente

د	إ	م	ل	ة	غ	ئ	ا	ث	ل	ز	س	ظ	ظ	
ج	ق	آ	ا	ن	ن	ا	ز	ر	و	ع	ح	ا	ص	م
ن	ا	م	ك	آ	ظ	ص	ف	إ	ي	ر	إ	ت	ح	ل
و	ل	ي	ش	ت	ا	آ	ل	د	ق	ا	ت	ث	س	
ب	غ	ا	ف	ص	ق	ر	ع	ا	ب	ذ	ص	م	ث	ع
م	ي	م	ن	د	و	ل	ي	ن	ط	ج	ا	ز	ع	ا
و	ب	ا	ك	ي	ن	و	م	ر	ا	ه	ق	م	ر	ك
ر	ر	و	ن	ض	غ	ش	و	ج	ن	ا	ب	ل	ا	س
ت	ل	غ	ج	و	ق	ب	و	ا	و	ا	م	ف		
ل	ب	ر	ص	ز	ة	ي	د	ة	س	ذ	ي	م	ز	و
ا	ن	ئ	ش	غ	ق	ي	ث	ا	ر	ة	ي	س	ب	م	ن
ة	ة	ك	ض	ك	د	ق	ا	ا	ب	ة	ا	ك	ض	ى
ذ	ف	ج	ط	ج	ن	ا	ق	و	س	ر	ي	غ	ص	ف	د
ض	خ	ص	ل	ث	ا	د	ش	ؤ	ك	ة	ئ	آ	د	ذ
د	ع	ئ	ش	ش	س	ا	ض	ت	ى	غ	ر	غ	خ	

بيانو — البانجو
مندولين — التشيلو
هارمونيكا — باسون
المزمار — ناي
الترومبون — كمان
ساكسفون — قيثارة
قرع — الدقات
دف صغير — ناقوس
طبل — جنك
بوق — مزمار

66 - Blumen

ا	ي	ب	ا	ي	ز	س	م	ش	ل	ا	د	ا	ب	ع
ل	ا	ل	ن	إ	ء	ق	ي	ذ	ذ	ش	ن	ز	ة	ذ
ف	س	و	ف	و	ا	ز	ع	ئ	ز	م	ز	د	د	ة
ا	م	م	ل	ض	ر	ب	ا	ز	ت	ئ	ن	ة	ن	ت
و	ي	ي	آ	ف	د	ي	ز	إ	ض	ئ	ف	ف	ئ	ت
ا	ن	ر	ا	ة	ن	إ	ى	ن	س	ض	ط	ط	ط	ب
ن	ي	ي	ل	م	ه	م	م	ي	ش	ث	ش	ك	ا	ي
ي	ا	ا	ب	ل	ي	ا	د	ز	ن	ب	ق	ع	ل
ا	ل	ذ	ت	ح	ا	ل	ز	ر	ع	ة	د	ؤ	ل	و
خ	خ	ى	ل	د	س	ش	خ	ا	ش	أ	ا	ب	ا	ت
ت	ش	س	ة	ح	ل	ع	ج	ز	س	ن	س	ص	ن	خ
ش	خ	إ	ل	س	ى	ة	ل	ه	ئ	ر	ش	ض	ر	ت
خ	ا	ب	أ	ر	ج	و	ا	ن	ي	ث	آ	ف	ه	و
ش	ش	ظ	ا	ل	ك	ر	ك	د	ي	ه	ج	ت	ز	ك
ح	ش	ذ	ق	ا	ي	ل	و	ن	غ	ا	م

البتلة	ماغنوليا
جاردينيا	الخشخاش
ديزي	السحلب
الكركديه	زهرة العاطفة
ياسمين	الفاوانيا
نفل	بلوميريا
خزامى	وردة
أرجواني	عباد الشمس
زنبق	باقة أزهار
الهندباء	توليب

67 - Natur

ا	ى	ا	ل	ح	ي	و	ا	ن	ا	ت	ب	س	ذ
ل	ص	ل	ث	ذ	ش	ن	ي	ع	ى	آ	ق	ر	ع	غ
ق	ئ	ن	ح	ك	إ	ة	ئ	ة	ك	ن	س	ي	أ	ا
ط	ئ	ح	ا	ل	ج	ب	ا	ل	ر	خ	ل	ق	و	ب
ب	ص	ل	ف	ل	ك	ى	و	ن	ح	ظ	م	ف	ر	ة
ا	س	آ	ث	ق	ح	ا	ت	آ	م	ت	ي	ن	ا	ج
ل	ا	م	أ	و	ى	ص	س	ئ	م	إ	ه	ظ	ق	و
ش	د	ع	ل	خ	ج	ج	ا	ض	م	ر	م	ل	ا	ذ
م	ظ	ة	آ	ة	م	د	ق	ض	آ	خ	ع	ف	ل	د
ا	ا	ص	ح	ر	ا	ء	ذ	ب	ث	ؤ	ل	ت	ش	ج
ل	ح	ث	ص	ص	ض	ل	ق	و	ا	ئ	د	ا	ه	ج	ة
ي	ي	م	آ	ئ	ي	ث	ل	ب	و	ق	د	و	ج	ر	و
ا	و	ذ	ف	ش	ش	ح	غ	ض	د	ن	ق	ظ	ر	إ
ى	ي	ش	ئ	م	س	ئ	ض	ة	ا	ظ	ج	ا	إ	ق
ط	خ	ك	ي	ة	و	ض	ص	ظ	ا	ي	ى	غ	ئ	و

القطب الشمالي	أوراق الشجر
الجبال	حيوي
النحل	ضباب
متحرك	جمال
تآكل	مأوى
نهر	الحيوانات
سلمي	استوائي
مثلجة	غابة
ملاذ	بري
هادئ	صحراء

68 - Urlaub #2

ي	خ	ث	ج	ز	ذ	ع	خ	ق	ى	خ	ع	ك	ق	و
غ	آ	ج	ج	ئ	ض	ة	ط	ق	ا	ر	ة	ر	ج	ه
ق	ب	آ	ك	ش	ف	إ	ج	ل	ش	ا	ط	ئ	خ	ة
ت	خ	ي	م	ي	ن	ف	ظ	ة	ط	ي	ر	خ	ة	غ
ل	ف	ع	ض	ع	و	ط	د	و	م	غ	ح	س	ن	غ
ج	ز	غ	ة	ح	ط	ن	س	ا	ق	د	ي	ق	غ	س
ئ	و	ث	ئ	م	ز	ذ	ل	ئ	خ	ط	ز	م	غ	ؤ
آ	ل	ا	ب	ج	ل	ا	ت	ج	ز	ة	ط	ا	ق	ق
ث	ا	و	ز	ي	آ	ف	ر	ز	ض	ق	ظ	ر	ح	ب
غ	خ	ق	ظ	س	ي	ج	ف	ي	ت	أ	ش	ي	ر	ة
ت	ا	ك	س	ي	ذ	ي	ر	ة	أ	ر	ح	ل	ة	ة
ق	ع	د	ث	ة	ض	ر	ه	ة	ر	ج	إ	ص	ق	و
ج	ش	ص	ة	ز	ي	ة	غ	ر	ذ	ن	د	ع	ن	د
آ	ل	ح	ط	ع	ح	ر	ا	د	خ	ب	و	م	ل	ك
ع	ي	ز	ف	س	ة	خ	ح	ي	د	ش	ا	إ		

رحلة   أجنبي

مطعم   الجبال

شاطئ   تخييم

تاكسي   مطار

النقل   الترفيه

عطلة   فندق

تأشيرة   جزيرة

خيمة   خريطة

وجهة   بحر

قطار   جواز سفر

69 - Barbecues

```
ر م ح ت ا ط ل س ل ا ح غ د ا ء
ع ة و ا ز ة ط ر س أ ا ظ ل ك ؤ
م س ب و ظ ع ص م ر آ أ ج ح ف
إ ي ط ر ذ ل ش ى ي ق ط س ف ظ ا
د ق ب ض آ ث م ص ص ب ف ذ ط ص ظ ل
غ ى خ خ ض س و ف ا ه ة ف س ش
ك ي ئ ي ز م ل ع ث خ و ك ر و
ت ج ل ل ض ف ج ل ى ث ي ب ك
ا ة ش ل ط و س أ ع ي ء ا ش ع
غ ع ي و ؤ ع ع ض ت ب ش ج آ ة م
ك ذ ي ج ا ذ ة ط س ظ ج ز ظ غ ج ل
ع ؤ ز ي ط س ة ج غ ا ح م ى ص ح
ف ل ة ص ص ن و ذ غ ا ط ش ذ ط ج ب
س ك ا ك ي ن ة س ك خ ظ خ ز س د
ج ا ج د ف ة ع ب خ إ د ط د ك ظ
```

طبخ	عشاء
سكاكين	أسرة
غداء	فاكهة
موسيقى	الشوك
فلفل	خضروات
السلطات	شواية
ملح	حار
صيف	دجاج
صلصة	جوع
ألعاب	الأطفال

70 - Küche

د	ش	م	ى	ة	ك	ذ	ب	س	ع	غ	ظ	ظ	ش	ن
ى	م	غ	ل	ظ	ح	ي	خ	ة	ا	و	ش	ض	ن
أ	ك	و	ا	ب	ق	ش	ظ	ب	د	م	ذ	ع	ظ	إ
و	ش	ى	ث	ذ	إ	و	د	ؤ	ا	ج	ن	ف	س	إ
د	ك	ل	ذ	ا	ل	ش	و	ك	ن	م	ض	ت	ح	ع
إ	و	إ	ن	ى	د	ل	ي	ل	د	ن	ن	م	م	ب
ب	ة	إ	خ	ؤ	إ	م	ى	ك	ن	ن	خ	ص	ذ
ظ	ل	ا	إ	و	ت	ص	ك	ئ	ا	و	ك	م	ع	ظ
غ	ش	ر	ز	ئ	م	ض	إ	آ	ك	ظ	غ	ع	ا	ل	غ
ط	ة	ي	ع	ي	ل	ا	ض	ة	و	س	ة	ي	ا	غ
ث	ع	ق	ب	ك	ذ	ة	ت	ل	ر	ف	ن	ن	م	س
و	ل	ا	ظ	ف	ب	ص	غ	ج	و	ص	ى	ش	ل	غ
ش	ع	ا	م	ت	إ	ن	ث	ط	ع	و	ص	ح	ا	ك
ش	ع	ئ	إ	ا	ش	ى	د	إ	ا	ب	ع	ج	إ	ز
و	ر	ش	ء	ة	ف	ر	غ	م	ل	غ	م	ث	ق	ن

طعام	سكاكين
عيدان	فرن
الشوك	وصفة
مجمد	مئزر
توابل	وعاء
شواية	إسفنج
مغرفة	منديل
إبريق	أكواب
ثلاجة	غلاية
الملاعق	

71 - Schach

ي	ض	ا	ة	س	ف	ا	ن	م	ؤ	ش	ؤ	ض	و	س
ف	ل	ج	ك	ص	ا	ظ	م	س	ا	ب	ق	ة	ف	ذ
ق	ر	م	ل	ة	ع	ث	ن	ق	ش	ط	ر	ي	ك	ذ
ح	خ	ر	م	ض	ج	و	غ	د	ي	ع	م	ح	س	ت
د	م	ب	ن	ي	ل	ل	م	ج	ه	و	ل	ص	ص	ض
ة	د	ع	ئ	ب	ك	ى	ئ	ب	م	ت	ك	ت	ة	ض
د	ق	ا	ظ	أ	ظ	ط	ت	ر	ي	ظ	ر	ن	ي	ل
غ	ي	ل	ة	ئ	ا	ل	ق	و	ظ	ف	ك	ج	ق	ل
ت	ب	ض	ص	ح	أ	س	و	د	ع	ا	و	ق	ي	ف
ا	خ	م	ظ	غ	ث	ل	س	و	ا	ل	ت	ت	ج
ب	ع	ش	ق	آ	ف	د	ا	ا	ل	ل	ل	د	ا	ذ
ع	آ	ل	ذ	ك	إ	و	ل	ن	م	ل	ع	ل	ر	ب
م	ج	ة	إ	م	ب	خ	ق	و	م	ش	ف	ع	ت	ك
ش	ق	ن	م	ض	ص	ا	خ	ط	إ	م	غ	ف	ب	س	ق
ع	ظ	خ	إ	م	ط	ث	ص	ئ	ط	ع	ن	ه	إ	ث

قواعد   بطل

أسود   قطري

لعبه   الخصم

لاعب   ذكي

إستراتيجية   ملك

مسابقة   ملكة

أبيض   ليتعلم

منافسة   تضحية

الوقت   مبني للمجهول

النقاط

72 - Geographie

م	ن	ط	ق	ة	ر	ا	ق	ط	ي	ح	م	ب	ر	خ
ت	ر	ى	ع	ف	ز	ا	س	م	ظ	ة	ض	ج	ط	ص
ف	ع	ك	ت	خ	ط	ل	ا	س	ت	و	ا	ء	ة
ئ	ش	ب	ظ	ن	ف	ؤ	ط	ش	م	ا	ل	م	ض	ث
ي	ز	ح	ظ	ك	ب	ن	أ	ي	ع	ئ	و	د	ا	ص
م	إ	ر	ي	د	ي	ا	ن	ك	ر	ع	ط	ي	ر	خ
إ	و	ا	ل	غ	و	ن	ض	ث	ل	ل	ن	ج	ئ
ث	ق	ب	ة	ي	م	ع	ا	ل	ا	ا	ة	ز	ع
ر	ك	ا	س	ن	ؤ	خ	ب	ى	ج	خ	ط	ؤ	ي	ك
ض	ر	ص	س	ط	ل	ي	ر	إ	ح	خ	م	ر	ث
ط	ن	ذ	ة	و	ث	ق	ص	ش	ب	ر	غ	ج	ة	ر
د	ث	و	ط	ئ	ث	ئ	ق	ذ	ي	س	ب	ط	ك
ط	ي	ط	ل	ج	ف	ق	س	غ	ر	ع	ج	ل	ر	غ
ص	م	ط	ث	ة	إ	ص	غ	خ	ي	ط	ة	ع	ر
غ	ح	ر	ه	ن	ب	ح	ق	ع	ا	ف	ت	ر	ا	ي

بلد	أطلس
خط الطول	خط الاستواء
بحر	جبل
ميريديان	خط العرض
شمال	نهر
محيط	كرة
منطقة	ارتفاع
مدينة	جزيرة
العالمية	خريطة
غرب	قارة

73 - Zahlen

ث	ر	ش	ز	ت	ظ	غ	ض	ؤ	ط	ث	ث	م	ئ
ص	ي	ح	ظ	ع	س	ر	ل	ض	و	ع	م	ظ	خ
ذ	ث	ع	ؤ	ش	ذ	ع	إ	غ	ي	ا	ا	آ	ى
إ	ت	ق	ث	ر	م	ظ	ة	ع	ب	س	ث	ن	د
ا	ن	و	س	ي	ف	إ	ر	ع	ى	م	ة	ي	و
ث	م	ا	ن	ي	ة	ع	ش	ر	د	ع	ة	ت	س
ظ	ن	آ	م	ز	ص	ل	ع	ظ	ر	ش	س	ا	ش
ض	ق	ن	ؤ	ص	ز	إ	ذ	ع	ر	ش	م	ى	ث
ط	ث	ل	ا	ة	ث	ا	ن	ث	ر	خ	ر	ث	خ
ا	ن	ث	ا	ع	ش	ر	ط	ل	ف	ض	ت	و	ذ
ف	ة	ة	ج	آ	ا	ى	ض	ر	ظ	ى	س	ن	ئ
ر	ش	ع	ة	ة	س	ق	ي	ب	ة	غ	ث	ع	و
أ	ر	ب	ع	ش	ر	ع	ش	ة	م	س	خ	م	ة
ش	ف	ر	ش	ع	ة	ت	س	س	ى	ط	ص	ظ	ت
ش	ص	أ	خ	ط	ش	ن	ل	س	ب	ذ	ف	ئ	د

ثمانية	ستة
ثمانية عشر	ستة عشر
عشري	سبعة
ثلاثة	سبعة عشر
ثلاثة عشر	أربعة
خمسة	أربعة عشر
خمسة عشر	عشرة
تسعة	عشرون
تسعة عشر	اثنان
صفر	اثنا عشر

74 - Tage und Monate

ت	أ	ا	ز	ك	ف	إ	ا	ا	ك	إ	ؤ	ج	ع	ا
ق	غ	ل	ل	ح	ب	خ	ل	خ	ل	ف	س	ئ	ل	ؤ
و	س	ث	ش	ه	ر	خ	ج	خ	ح	ع	أ	ا	ا	ا
ي	ط	ل	ت	ص	ا	خ	م	ئ	ؤ	ر	ز	غ	ل
م	س	ا	ج	ع	آ	ي	ع	ي	ث	ب	ك	ر	ن	ا
ص	غ	ث	ف	ر	د	ة	س	ل	ع	س	ا	د	و	ث
خ	غ	ا	ك	ة	ي	ذ	س	ا	و	ئ	غ	ل	ف	ن
ى	ص	ء	ظ	س	ا	ي	ء	ا	ب	ب	ج	م	ي
ن	ك	ظ	م	ز	ن	ظ	ر	و	س	د	ح	ي	ب	ن
ل	ص	ب	غ	ز	ي	ن	م	ي	أ	ف	غ	ب	ر	ب
أ	ر	ز	ؤ	ي	ص	إ	ا	ن	ع	آ	ل	ب	آ	ث
ح	س	ن	آ	ة	ي	ل	ي	و	ح	ة	ب	س	س	ر
د	ن	ذ	د	ص	س	ش	ي	ر	ب	و	ت	ك	أ
ض	ة	آ	ر	ب	و	ظ	ح	د	خ	ق	ث	ش	ي	آ
و	د	غ	إ	ع	ؤ	ر	ب	م	ت	س	ب	غ	ز	و

أغسطس	تقويم
ديسمبر	الأربعاء
الثلاثاء	شهر
الخميس	الاثنين
فبراير	نوفمبر
الجمعة	أكتوبر
سنة	السبت
يناير	سبتمبر
يوليو	الأحد
يونيو	أسبوع

75 - Zu Füllen

إ	م	س	ي	س	د	ل	و	ح	و	ف	ف	ب	ع	ك
ف	ج	ح	ث	ى	ة	ئ	ع	ة	ش	غ	ب	ر	ق
ز	ل	ل	ي	ذ	ض	ت	ي	ا	ا	ر	م	ي	ل	ف	ض
ذ	د	ز	ق	ة	ئ	ج	ء	أ	ن	ب	و	ب	س	ذ
و	ئ	ف	ع	ص	ر	ؤ	ى	ي	ئ	ن	ح	ي	ة	ا
م	س	د	ق	ة	و	آ	خ	ط	ص	ن	ر	ج	ب	ف
ي	ل	ث	ج	ح	ر	ز	ش	ب	ق	ز	ه	ر	ي	ة
ز	ة	غ	ث	ا	ل	إ	م	ذ	ة	ض	د	ق	ش
إ	م	و	ض	ج	إ	ا	خ	ز	ح	ي	ك	ل	ح	ق
ة	ز	س	ش	ز	ق	ث	خ	خ	م	ح	ت	ا	ف	ل
ط	ح	ث	ي	ذ	ب	ق	ش	ض	غ	ز	ح	ص	ة	ط
ئ	ج	ف	خ	خ	ص	ي	ض	ح	ل	ش	ش	إ	خ	آ
إ	ت	ا	ل	ف	ك	ر	ب	ج	ة	ف	ب	ل	ع	ف
ؤ	ت	م	خ	خ	ي	ا	د	ا	ح	و	ت	ر	ط	ث
ك	غ	ق	ى	غ	ئ	ت	ك	ا	ص	ز	خ	ل	خ	ا

حوض	مجلد
علبة	حزمة
دلو	أنبوب
برميل	وعاء
زجاجة	الدرج
كرتون	صينية
قفص	جيب
حقيبة سفر	مغلف
سلة	زهرية
جرة	

76 - Das Unternehmen

ج	خ	م	د	ى	س	ش	ق	ف	ا	ل	د	ع	ت
ك	ط	ز	ص	خ	م	ض	ك	س	ص	ى	ي	ل	ؤ
ي	خ	ث	ق	ح	ع	خ	ت	ج	و	د	ة	ؤ	ة
م	ح	ت	ر	ف	ث	ج	ق	ع	ر	ي	ض	ر	ز
ل	ا	ا	غ	م	ط	آ	ج	ت	ن	م	ن	ل	ا
ا	د	ل	ر	ا	ى	ش	ا	و	ر	و	ص	ا	ع
ع	ر	ح	ذ	م	ت	ن	ط	ت	ك	ث	ن	ز	ع	ر
ط	ح	ك	ى	ل	ل	د	ا	ش	خ	م	ت	ظ	ض
ز	د	ي	ت	ا	ث	و	ع	خ	ذ	ل	إ	ق	ر	ل
ص	ا	إ	ب	ص	ص	ة	د	م	ن	ا	ر	د	ت	ث
ص	ت	ت	م	ر	و	ج	أ	ل	ا	ق	س	م	ف	ؤ
غ	ؤ	و	ص	ث	ن	ص	ؤ	ز	ا	ف	ؤ	ل	خ
ؤ	ن	ظ	ة	س	ن	ق	ز	ل	آ	ش	ز	ئ	ر	إ
ث	س	ي	ف	ش	ل	و	ع	ش	خ	ة	ع	ل	غ	ر
خ	خ	ف	ل	ئ	خ	ج	ا	ك	ل	ب	غ	ن	ز	ر

توظيف	خلاق
الوحدات	الأجور
إيرادات	إمكانية
قرار	عرض
تقدم	المنتج
عمل	محترف
عالمي	جودة
صناعة	الموارد
مبتكر	المخاطر
استثمار	سمعة

77 - Kräuterkunde

إ	س	ف	ة	خ	و	خ	غ	ض	ف	ق	ض	ل	ص	ح
ك	غ	ذ	ي	ن	ز	ئ	ف	و	ب	ص	ج	و	د	ة
ل	ش	م	ط	ا	ص	ى	ص	ا	ل	ط	ه	ي	ص	ر
ي	و	ر	م	ر	ى	إ	س	ع	ع	ق	ر	ر	ض	م
ل	ق	ى	غ	ف	ص	و	ن	ه	ك	ة	ب	ط	ب	ش
ل	ا	د	ق	آ	ع	ف	ح	ز	ق	د	د	ق	ر	ل
ل	ر	ت	ع	ز	ح	ن	ي	ذ	س	ط	ض	ؤ	ف	ا
ج	م	ر	ص	ن	ع	ل	ا	ن	و	خ	ر	ط	ل	ا
ب	ز	ن	ا	ح	ي	ر	و	م	و	ث	ض	ت	ب	ش
ل	ه	د	ي	ف	م	ة	د	ط	ط	ن	خ	ا	ف	ق
ش	ر	ل	ئ	ك	ق	ف	و	ا	س	أ	ا	س	ر	ط
خ	ة	ي	ؤ	ب	و	ئ	ف	خ	ظ	إ	ذ	ي	ب	آ
ل	ى	م	ث	ظ	ف	ل	ض	ز	ن	ة	ث	م	م	ع
ض	ث	إ	ط	ت	س	م	ئ	ا	خ	ص	ر	ح	س	ة
ل	ل	ا	ج	ا	ج	إ	ت	ق	ث	ق	ظ	ل	ع	د

عطري	الطهي
ريحان	خزامى
زهرة	مردقوش
شبت	بقدونس
الطرخون	جودة
الشمرة	إكليل الجبل
حديقة	زعفران
نكهة	زعتر
أخضر	مفيد
ثوم	العنصر

78 - Aktivitäten und Freizeit

ص	ش	ن	ا	س	ى	ث	ن	ة	ح	ط	ش	ط	ى	ض
ط	ي	ن	ل	ت	ص	ف	ح	د	ي	ط	ظ	ف	ب	ط
خ	ت	غ	س	ق	غ	ن	غ	ل	إ	ن	آ	ي	ض	ئ
ل	خ	ز	ف	ض	ق	ا	ك	خ	إ	و	خ	ق	ذ	ا
م	ي	إ	ر	ذ	ك	ئ	ر	ة	ا	س	ل	ة	ص
ل	ي	ط	ة	ح	و	ل	ل	ا	س	ب	ا	ق	ا	ي
ا	م	ل	ا	ت	س	ر	خ	ا	ء	ل	ث	ز	د
ك	غ	ظ	ص	و	ت	ب	ا	ح	م	ل	ت	ى	ذ	ا
م	ا	ل	س	ك	ك	ة	ل	س	ك	و	ذ	ل	ؤ	ل
ة	غ	ي	ل	ت	ه	ش	غ	آ	ع	ف	و	ش	د	س
ف	غ	ة	ن	و	آ	ر	ة	ل	ا	ل	ق	د	د	م
خ	و	ة	ا	د	ا	ر	ث	ت	ب	و	ة	ق	ت	ك
د	ص	ي	م	ا	س	ن	ت	ز	ض	ج	خ	إ	س	ك
ظ	ا	ج	ش	ة	ق	ز	م	ر	ل	و	ب	س	ي	ب
ت	ة	ر	ئ	ا	ط	ل	ا	ة	ر	ك	ل	ا	آ	ط

صيد السمك	جولف
بيسبول	الهوايات
كرة السلة	فن
ملاكمة	السفر
تخييم	سباق
التسوق	سباحة
الاسترخاء	تصفح
كرة القدم	الغوص
بستنة	تنس
اللوحة	الكرة الطائرة

79 - Formen

خ	غ	د	م	ج	ئ	ث	د	إ	و	م	ر	ه	و	ر
خ	ج	ك	س	ى	ا	ل	ب	ي	ض	ا	و	ي	ا	ئ
ظ	إ	ع	ت	ؤ	د	ث	د	ث	ؤ	ش	إ	غ	ظ
ق	ط	خ	ب	ئ	ط	م	ة	إ	و	ش	د	م
ل	ث	ر	ي	ن	ا	ن	ى	ا	ن	ح	ن	ر	ي	م
ك	خ	ك	ل	ل	ز	ن	ا	ل	م	م	ئ	ك	د
ث	إ	ن	ج	ل	غ	ل	ح	ك	م	م	ر	ب	ل	ع
ق	ى	ا	س	ع	ا	ئ	ق	ز	س	ث	ا	ب	ل	ث
ع	ن	ت	ز	د	ع	ا	و	خ	ت	غ	ف	م	ر	ث
ب	م	خ	ر	ط	ى	ض	ة	د	ر	ذ	ك	ئ	د
ف	ا	و	ح	ق	ع	و	ي	ظ	ذ	غ	ر	ئ
ر	ع	ط	ئ	ش	ل	ع	ج	ر	خ	ا	غ	ص	ر
ذ	ص	ض	د	ق	ا	ع	إ	ا	س	ط	و	ا	ن	ة
ج	م	ك	و	ي	ث	خ	ظ	ص	ة	د	ؤ	ض	ا	ف
ب	ا	س	ز	ن	د	ي	ث	ب	ط	ا	ي	ؤ	ش

مضلع	قوس
موشور	مثلث
هرم	ركن
مربع	القطع الزائد
مستطيل	حواف
مستدير	مخروط
الجانب	دائرة
مكعب	منحنى
اسطوانة	خط
	البيضاوي

80 - Musik

ج	ن	ي	ت	ش	ا	ك	ي	ط	ظ	م	ر	ذ	ح
و	ن	ش	ا	ن	ة	ي	ئ	ا	ن	غ	ت	ص	ؤ	إ
ق	ت	ع	س	ب	ز	ع	ض	ا	ؤ	ر	ن	ع	ن	ئ
ة	ر	ج	و	س	ا	ل	ل	ا	س	م	ا	ن	ح	ل
ا	م	و	م	ق	ي	س	غ	م	خ	ش	س	آ	ح	ي
م	ة	ي	ن	غ	أ	ي	غ	ق	ج	ن	ق	ؤ	ج
ت	ا	ك	ى	ن	غ	إ	و	ن	ع	ا	ق	ي	إ	س
د	ي	د	إ	ق	ى	ب	ي	ز	ذ	و	س	ت	ت
ع	ن	أ	س	ذ	ؤ	ك	ث	ر	د	ك	آ	ح	ك	ز
ن	ي	ل	ذ	ض	ر	ف	ا	ك	ت	ؤ	ك	ت	آ	ا
ت	ذ	ل	ذ	ذ	ط	ع	ج	ب	ى	ط	م	خ	ق	ة
د	ت	ك	آ	ش	ث	خ	ط	آ	ن	ة	ع	ط	ط	ث
غ	ف	ز	ل	م	و	ب	ل	أ	س	ا	ة	ك	إ	ت
ع	ا	ق	ي	إ	ل	ن	و	ف	و	ر	ك	ي	م
م	ر	ع	ي	ش	ى	آ	ي	ذ	ن	ى	غ	ي	ذ	ث

ألبوم	لحن
تسجيل	ميكروفون
أغنية	موسيقي
جوقة	أوبرا
انسجام	شاعري
متناسق	إيقاعي
تحسين	إيقاع
أداة	المغني
كلاسيكي	غنى
غنائية	الإيقاع

81 - Antiquitäten

ص	آ	ؤ	غ	و	م	ج	ت	ذ	ج	آ	ز	خ	خ	ا
ع	ئ	و	ا	ب	د	ت	ق	إ	م	ط	ش	ب	ك	س	ع
س	ذ	و	ذ	ب	ش	ح	ر	ت	ث	م	ن	م	د	ت	ل	م
ذ	ق	ي	ن	أ	ن	م	ل	آ	ي	ط	ح	ث	د	ذ	ل
غ	ي	م	ا	أ	إ	س	ط	ق	د	ي	م	ا	ن	س	ا
غ	ش	ن	ن	ص	ل	ذ	م	ج	آ	ا	ث	ل	ن	ث	ع	ت	م
ت	ا	ل	ق	ي	م	ة	م	و	س	ع	ث	ظ	و	ش	ع
د	آ	ي	خ	ز	ذ	ض	ث	ن	ر	و	ح	ل	ر	د
ر	ف	د	ب	ش	ك	ط	ظ	ك	ش	ا	ع	خ	ط	ن
ن	ت	ا	ر	ه	و	ج	م	ت	ق	ت	ط	ب	ع	ج	ي
ق	م	ع	ر	م	ج	غ	ر	و	ك	ي	د	غ	م	ة
إ	ي	ر	ا	ض	ى	ش	ر	ط	غ	إ	ظ	ى	ص	د
ة	ك	ي	ج	غ	ا	ف	ت	إ	ن	ح	ك	آ	آ	و
ث	آ	غ	م	ك	ت	ذ	ز	ب	آ	ع	ط	خ	ة	ج

أثاث	قديم
عملات معدنية	أصلي
ثمن	ديكور
جودة	أنيق
مجوهرات	متحمس
النحت	معرض
نمط	لوحات
غير عادي	استثمار
القيمة	قرن
شرط	فن

82 - Adjektive #2

ل	ذ	ؤ	ظ	م	ظ	ن	آ	ع	ع	ط	ع	و	ى	غ
ك	ى	س	س	م	ش	م	ط	ؤ	ف	س	ت	ف	ف	ج
أ	ئ	ج	ز	ا	ط	ؤ	ك	إ	ي	د	ا	ا	ع
ل	ن	ل	آ	ل	ت	ط	و	ج	ا	ئ	ع	ب	ا	ث
ل	ص	ي	ي	ح	و	ت	ف	ل	م	ي	إ	خ	ا	إ
ح	ش	ج	ق	ا	ف	ف	خ	و	ر	د	ب	ا	ة	ة
ل	د	ا	و	ظ	ة	ك	ب	خ	ز	ر	ط	ت	ش	ؤ
ا	ي	ت	ش	خ	ن	ص	ج	ض	ع	ا	ر	ق	م	و
ص	ك	ن	ن	م	ل	خ	خ	ح	ت	م	إ	م	آ	ر	ع
و	ث	إ	ذ	ا	د	ي	ل	ص	أ	ا	ص	ش	ض	إ
ل	ص	غ	ي	ق	آ	و	ع	م	ف	ت	آ	ه	س	ط
د	ن	ف	ي	ل	ق	ب	ر	ي	ي	ر	و	و	و	ج
ا	ق	د	ي	ج	ل	ا	ا	د	ك	ل	ر	غ	ج
ع	ي	ة	ق	د	ر	ب	ح	خ	ي	ر	ح	ق	ض
ى	ر	ع	و	ش	ئ	ظ	و	خ	م	ص	ط	ؤ	ر	ص

خلاق	أصلي
طبيعي	مشهور
الجديد	وصفي
عادي	دراماتيكي
إنتاجي	أنيق
مالح	صالح للأكل
قوي	طازج
فخور	صحي
مسؤول	جائع
بري	مشوق

83 - Kleidung

ص	ب	ض	ع	ة	ث	ج	س	ث	ك	ص	ة	غ	ا	س
إ	غ	ة	ت	ز	ة	ق	ب	ع	ة	ت	ا	ز	ا	ف	ق
ع	ن	ئ	ا	ة	ن	خ	د	س	س	م	ا	ت	س	ف
ق	ذ	إ	ظ	ا	ذ	ح	ب	ا	و	ث	ظ	إ	ذ	و	ط
م	ع	ط	ف	آ	ل	و	ل	ة	ا	ث	ك	ف	ط	ش	ق
ي	ا	ا	ل	و	ق	ة	ر	ت	س	ل	ا	ا	ت	م	ز	ش
ص	ك	ش	ث	ى	و	ص	آ	ز	ذ	و	ع	ئ	ؤ	ش
ل	ب	ا	س	ن	و	م	ة	ن	ا	ر	ر	ز	س	غ
ل	ز	ئ	ت	ذ	ط	ث	و	ي	و	س	آ	ئ	ذ	ئ
آ	ق	ا	ك	ظ	ف	ك	آ	ج	س	ب	ض	ر	خ	ى
ص	ق	م	ج	و	ه	ر	ا	ت	ص	ت	س	ح	آ	آ
و	ي	و	ن	ذ	و	آ	ر	ن	و	ي	و	خ	س	د	ل	د
خ	ط	ش	م	و	ض	ة	ز	ئ	ا	ع	غ	غ	و	ن
ح	ز	ا	م	ف	ة	ب	ئ	س	ج	ت	ن	ل	ج	م
ش	ئ	ح	ز	ح	ق	م	ك	ت	ز	ح	ظ	ض	س	ض

فستان	سوار
معطف	بلوزة
موضة	حزام
سترة	قلادة
تنورة	قفازات
وشاح	قميص
لباس نوم	سروال
مجوهرات	قبعة
حذاء	السترة
مئزر	جينز

84 - Farben

ل	ط	د	ب	ظ	ظ	ب	غ	س	ب	إ	ذ	ك	آ	ز
ز	خ	ف	ن	ب	ق	ر	إ	ؤ	س	آ	ب	ك	ذ	و
ي	ب	ن	ي	ض	ظ	ت	ب	ل	ن	ذ	ج	ك	ل	ج
ر	م	ا	د	ي	ج	ق	ق	غ	ن	ن	ة	ت	أ	أ
ت	د	ي	ا	ع	ص	ا	ج	و	ل	ق	و	ل	ص	ب
ت	خ	ش	ك	ض	غ	ل	ج	ب	ز	ح	ف	ض	ع	ي
ص	ح	و	ن	ظ	ئ	ي	ي	ج	ؤ	ر	د	ت	خ	ض
ر	أ	ف	ش	ث	ث	ز	ب	ص	ض	ن	م	ؤ	د	ح
آ	ز	س	ي	ش	د	أ	ح	م	ر	ش	س	ز	ث	ح
ش	و	إ	غ	ر	ك	ر	ب	و	م	ع	ث	ت	آ	ع
ؤ	ر	ن	ق	ض	س	ث	ر	ح	س	ل	ي	ص	ن	ح
ف	ؤ	ي	أ	خ	ؤ	د	ث	أ	ئ	ج	س	ف	ن	ب
ة	ظ	ل	ز	أ	ي	ي	ن	ا	و	ج	ر	أ	إ	ظ
ق	د	ي	ق	غ	غ	ي	و	ا	م	س	ق	ر	ز	ا
ز	س	ل	ق	ت	ت	ل	ش	ز	ؤ	و	آ	ل	ق	ظ

أزور	برتقالي
بيج	قرمزي
أزرق	وردي
بني	أحمر
فوشيا	أسود
أصفر	بني داكن
رمادي	بنفسج
أخضر	أبيض
نيلي	ازرق سماوي
أرجواني	

85 - Haus

ف	إ	ط	م	و	ن	ة	ف	ر	غ	ع	ل	ب	ه	ك
ة	ج	ق	ؤ	ك	غ	ذ	ص	خ	ن	ا	ك	ة	و	ر
م	ش	س	ر	ث	ن	ج	د	ذ	آ	ط	ق	ذ	ظ	ا
ط	ج	ك	ؤ	غ	ن	س	ش	غ	م	ف	ش	ج	ث	ج
ب	إ	ط	ط	ئ	ا	ح	ة	أ	ف	د	م	خ	ب	ر
خ	ح	ي	ت	ا	ف	م	ب	ح	ف	ت	ى	ز	ا	م
ؤ	خ	ت	خ	ظ	ذ	ا	ت	د	ص	ح	ى	ز	ب	د
س	آ	ى	م	ة	س	م	ك	ي	آ	ط	ت	ق	ى	خ
ئ	س	ذ	ر	ؤ	ق	د	م	ق	إ	ؤ	ت	ق	ي	ن
د	ص	و	آ	ئ	ف	د	ب	ح	ج	ب	ئ	ع	ة	ف
و	ئ	م	ة	ل	م	ن	ع	أ	ث	ا	ث	ئ	ض	ف
غ	ت	و	ف	ت	ت	ص	ن	ر	ي	ب	و	م	ر
ط	آ	ش	خ	ك	ث	ث	ي	س	ة	س	ح	ص	ذ	غ
ك	س	ز	ك	ع	ذ	إ	خ	آ	ص	ز	ع	م	ي
ف	س	ف	ح	ب	ط	ي	ل	ك	ذ	ج	خ	ج

مصباح	مكنسة
أثاث	مكتبة
غرفة نوم	سقف
مفاتيح	علبه
مدخنة	دش
مرآة	نافذة
باب	كراج
حائط	حديقة
سياج	مدفأة
غرفة	مطبخ

86 - Bauernhof #1

ب	ذ	ئ	ك	ى	ع	ث	خ	خ	ك	س	ب	س	س	م
ط	م	خ	س	ئ	خ	ث	ل	س	غ	ش	ي	ؤ	و	ا
ض	م	ؤ	ق	خ	ن	ك	ل	ب	ص	ؤ	ا	س	ش	ع
ع	ة	ا	ر	ز	ز	م	ع	د	ج	ا	ج	ة	ئ	ز
ل	ب	ا	ر	غ	ي	ح	س	ئ	ظ	آ	س	ط	ة	ؤ
ح	ن	ل	ج	م	ر	ن	ص	ز	ق	م	ط	ئ	ق	م
ن	ئ	ة	ى	ع	ا	ر	غ	ا	ن	ع	ا	ر	ف	ح
ق	ة	ؤ	ئ	ى	غ	ظ	ن	د	ؤ	ز	ش	ث	ك	ض
ئ	ق	م	ع	ض	ن	ق	ط	إ	ش	غ	ئ	و	ظ	ج
ض	ح	ة	ر	ق	ع	ظ	ي	ب	ئ	ق	ة	ز	ث	ف
د	ج	ا	أ	م	ت	ع	ن	ص	ط	أ	ا	ا	إ	ع
ل	ل	م	و	خ	ا	ح	ن	ز	ر	ظ	ن	س	ج	ع
ا	ى	م	ح	ج	م	ح	ا	ة	ى	ز	ي	ل	ف	ق
ح	ج	ز	ط	ج	ى	ا	ظ	د	ف	ة	ظ	ث	ذ	ك
خ	ذ	ل	ق	س	ك	ن	ط	ن	ث	م	ق	ح	ح	

غراب	نحلة
بقرة	سماد
الأرض	حمار
زراعة	حقل
حصان	تبن
أرز	عسل
خنزير	دجاج
ماء	كلب
سياج	عجل
ماعز	قط

87 - Regierung

ش	ئ	ج	س	م	ب	د	ئ	س	ك	ح	آ	ل	ن	ث
ر	ت	آ	ل	ن	ق	إ	ي	ب	ئ	ا	إ	ض	ل	ة
ط	آ	ث	م	ك	ا	ط	ز	م	ر	ل	ض	إ	ى	ب
ؤ	ي	ج	ي	ذ	ن	ذ	ت	ق	ة	م	أ	ز	ز	ز
خ	ح	ر	ي	ة	و	آ	ر	ث	ئ	ر	ش	ف	إ	ي
ط	د	ق	ص	م	ن	ؤ	ت	و	ا	ة	ا	ج	ط	ب
ط	ز	س	ئ	م	ق	غ	ن	ل	ط	ص	ق	ط	ن	خ
ا	س	ز	ت	ا	ز	ث	ص	د	و	ن	ن	ظ	ي	آ
ص	و	ض	ص	ل	ز	إ	و	ح	غ	ص	ي	ج	ي	ة
ن	ر	د	ئ	ا	ب	ى	ذ	ز	خ	ث	ر	ش	ض	ق
ف	ح	ص	ر	ل	س	ف	ئ	ع	ذ	ح	ي	ق	ح	ط
و	ص	ج	ذ	ق	م	ة	ح	ي	ل	ة	ث	ض	ج	ن
ز	ل	ط	ت	ف	ب	ق	م	ع	د	ا	ل	ة	م	م
ص	ل	ا	ن	س	ة	ا	و	ا	س	م	ل	ا	ش	ص
م	د	ن	ي	ا	ذ	ة	ق	ب	ص	ظ	ر	خ	ب	ح

منطقة	أمة
ديمقراطية	وطني
نصب	سياسة
نقاش	حقوق
حرية	خطاب
سلمي	حالة
زعيم	رمز
عدالة	استقلال
قانون	دستور
المساواة	مدني

88 - Berufe #1

ج	ع	ة	ا	ى	ؤ	ث	س	ف	ن	ل	ا	م	ل	ع
ن	ا	ن	ة	إ	ج	ة	ك	ك	ا	ب	س	غ	ج	غ
خ	ز	ة	ص	ق	ا	ل	ر	ز	ق	ب	ل	ل	ئ	ب
ز	ف	ط	ش	آ	ت	ب	ي	ط	ب	س	د	ا	ي	ص
ث	ا	ض	ا	ذ	ث	ش	ظ	ف	ز	م	ص	ك	ذ	ت
ك	ل	ر	ئ	ي	ح	ؤ	ي	ف	م	ط	ر	ل	ل	ف
ي	ب	ب	ئ	م	ل	ج	ر	ف	ص	م	ئ	ك	م	م
ص	ي	ك	ن	م	ق	و	ط	و	ن	ن	ك	ا	م	ى
ذ	ا	س	ئ	آ	ز	ز	ذ	ل	ظ	ث	ي	ر	ن	ب
ر	ن	ث	ك	ض	ذ	ث	و	ض	ف	ب	ر	ر	د	م
ث	و	ق	ث	ط	ة	ج	ح	ي	ح	ا	ص	ؤ	ت	غ
ز	ش	ح	آ	ب	ظ	ج	م	ظ	ب	ح	ا	ن	و	ؤ	ف
ر	س	ا	م	خ	ر	ا	ئ	ط	ب	ي	ط	ا	ي	خ
ت	ي	س	ذ	ح	ل	ك	ز	ط	ك	ن	ا	ن	ف
ن	ع	ط	د	م	ط	ب	ي	ب	ط	ي	ر	ي	ذ

ممرض	طبيب
فنان	فلكي
ميكانيكي	مصرفي
عازف البيانو	سفير
علم النفس	محاسب
محامي	جيولوجي
خياط	صياد
راقصة	صائغ
طبيب بيطري	رسام خرائط
مدرب	سباك

89 - Adjektive #1

ش	ة	ى	ف	ي	ن	ف	ب	ا	ذ	ج	ث	ك	ق	ح
ل	م	ا	ك	ب	غ	ل	ة	ق	ث	ي	د	د	ح	ة
ي	ي	ض	ل	ن	ذ	ؤ	م	ه	ة	م	م	ة	س	خ
ق	ق	ة	ب	ش	ن	ك	ا	د	ب	ط	ئ	ق	ر	ض
ث	و	ح	ف	ط	ؤ	ث	و	ط	ل	ج	ي	ب	ل	ؤ
ج	ذ	آ	ي	ط	ر	ق	ي	ق	ج	م	آ	ا	ا	ص
ل	ا	ل	ب	ر	ي	ء	ص	س	ع	ي	د	ط	ض	و
ط	خ	ع	د	ا	م	آ	ز	ظ	ب	ل	آ	ت	ط	غ
ت	ش	ك	ا	ا	م	ق	ك	ؤ	ف	ئ	ز	م	ر	ج
ش	ض	ب	ذ	ئ	ث	س	إ	ق	ى	ي	ب	ؤ	ة	ة
ن	د	إ	ا	إ	إ	ج	ث	ق	ب	ؤ	ك	آ	آ	ف
ج	م	ع	ف	س	ق	ل	ق	د	ا	ط	ص	ا	ش	ظ
ر	غ	م	ع	ص	ض	ذ	ي	ر	ط	ع	م	ض	خ	ض
س	د	د	ى	إ	ز	ي	ط	ؤ	د	ئ	ك	ط	آ	
ض	ف	آ	ة	ض	ع	غ	ؤ	ة	ك	د	ظ	غ	آ	

مطلق	بطيء
نشط	حديث
عطري	كامل
جذاب	ضخم
داكن	جميل
رقيق	ثقيل
صادق	عميق
سعيد	البريء
منطابقة	ذو قيمة
فني	مهم

90 - Geometrie

غ	ت	ؤ	ط	و	ى	ح	ى	آ	س	ر	ق	ؤ	ط	م
ت	ا	ى	ا	آ	ش	ا	س	ؤ	ة	ك	غ	ز	ى
ظ	ت	ل	ب	ؤ	ر	ت	ة	ا	ح	ع	ظ	ف	ض	ر
ر	و	و	ق	ك	س	ؤ	ش	خ	ب	م	ث	ح	ط	ئ
إ	خ	ش	ة	ت	ث	غ	ط	ض	و	ذ	ب	ص	آ	ب
م	ة	ط	ع	ق	ط	ن	م	خ	ع	م	ث	ل	ث	غ
ا	ر	ط	ق	أ	ف	ق	ي	غ	غ	ق	ت	ة	م	س
ي	ئ	ب	ص	آ	ج	ظ	س	ز	ر	ج	م	ي	و	م
ص	ا	ك	ع	ف	ت	ر	ا	ق	ف	م	و	خ	ن
ج	د	ع	ل	ا	ى	ف	ؤ	م	ن	ع	ا	ا	و
آ	ش	ض	ص	ة	ش	ن	ظ	ر	ي	ة	ا	ز	ت	ز
ز	ص	ش	س	ش	ح	ث	ظ	إ	ب	د	ق	ج	ر
آ	ت	س	ض	ؤ	ج	ن	خ	ا	ش	س	ل	ظ	س	ا
آ	ر	ر	ط	ب	ش	م	ت	ن	ب	ة	ل	ت	ك
ك	ط	ض	ر	ن	ز	ج	غ	ز	ة	ي

نسبة	منطق
حساب	كتلة
البعد	رقم
مثلث	سطح
قطر	مواز
معادلة	مربع
أفقي	قطعة
ارتفاع	تناظر
دائرة	نظرية
منحنى	زاوية

91 - Jazz

ا	ظ	ا	خ	ز	ب	ظ	ن	و	إ	ح	ى	ت	ى
د	ل	غ	خ	ة	ز	ح	ن	ا	إ	ؤ	ئ	أ	إ	ط
ر	ا	م	ر	ي	إ	غ	ت	ح	ص	د	م	و	ث	ا
ف	ج	ص	و	ق	ذ	ل	أ	غ	ن	ي	ة	ر	و	ل
ن	ت	ؤ	ه	س	د	ش	ض	ج	ح	د	ج	ك	ر	م
ف	و	ش	ر	ي	ج	خ	ل	ج	ص	س	ج	ف
ذ	ر	ا	م	ج	ف	ق	م	ى	ت	ف	ض
ق	ل	ا	ل	ن	و	ع	ي	ح	د	ا	غ	ر	ب	ل
ا	ا	ت	ق	ن	ي	ة	ض	و	س	ب	ظ	ا	ه	ة
أ	م	و	س	ي	ق	ى	ذ	ل	ن	إ	ي	ق	ا	ع
ع	ل	ح	ق	آ	د	ل	ت	ر	ا	ي	ق	ي	و	ط
ك	ق	ب	ن	م	ط	ن	س	ى	ن	ر	ن	ف	م	ئ
ي	ف	د	و	ش	ح	ف	ل	ح	ف	ذ	ض	ص	ل
ذ	ئ	ة	د	ق	م	ة	ا	ف	ؤ	ض	ق	ت	ا	خ
ذ	ح	ف	ل	ة	م	و	س	ي	ق	ة	ض	ل	ث

أغنية	ألبوم
موسيقى	قديم
الموسيقيون	تصفيق
الجديد	مشهور
أوركسترا	المفضلة
إيقاع	النوع
منفردا	الارتجال
نمط	ملحن
المواهب	حفلة موسيقية
تقنية	فنان

92 - Mathematik

ا	ل	أ	ر	ق	ا	م	ا	خ	ذ	ح	ا	خ	خ	ض
ي	ج	ى	إ	س	ث	ط	ي	آ	ب	ة	ق	ش	ف
ك	م	ع	ا	ي	آ	ك	ذ	ح	ظ	ح	ص	ف	ض
ت	ن	ا	ظ	ر	ح	ع	ل	ن	د	ش	إ	ة	خ
آ	ح	ي	ؤ	ش	س	د	ع	ن	د	س	ة	إ
ق	ق	ا	آ	ع	ر	ث	ل	م	ش	م	ظ	م
ط	ك	و	ط	أ	ب	ج	ي	ض	س	إ	ض	ا	ش
ت	ر	ز	ق	س	ث	ا	ط	ج	ة	ت	ة	ع	ل	ت
ح	ت	ا	ط	خ	ظ	ت	ا	ز	ب	ط	ج	ت	م	ع
ة	ؤ	و	ر	ض	س	ر	ء	ق	ي	ق	ة	و
د	ؤ	م	ظ	ا	م	ر	ب	ع	م	ل	ز	ج	ا	م
ع	م	د	و	د	ي	ل	ا	ي	ك	ح	ت	ك	ى	ؤ	ص	ج
ى	ؤ	إ	ف	ث	ز	ص	ب	إ	ج	ل	ي	ش	ل	م
إ	ق	ا	ج	ا	ب	و	ذ	ك	ص	ط	ة	س
خ	ث	و	ض	ة	ش	آ	ر	ت	إ	ؤ	ئ	خ	ث	ض

حساب	مضلع
جزء	مربع
عشري	مستطيل
مثلث	عمودي
قطر	مجموع
أس	تناظر
هندسة	محيط
معادلة	الصوت
درجات	زوايا
مواز	الأرقام

93 - Messungen

ش	ز	آ	س	ة	ق	ي	ق	د	ذ	ض	ر	ع	ص	ط
خ	ؤ	ل	ف	ب	ز	خ	ث	ق	د	ت	ي	ي	ن	خ
ش	ط	ك	ل	ض	ن	ر	ث	ن	ض	ل	ق	ف	ذ	ؤ
ج	غ	ئ	ب	ئ	ف	ث	آ	ق	و	إ	ح	ئ	ر	ؤ
ي	ل	ش	غ	ط	ن	ش	ي	ذ	ث	ن	ز	و
ض	ل	ك	ب	غ	م	ص	ط	ج	إ	ط	ف	ي	ؤ	ك
ش	ا	ل	ع	ئ	ي	و	ت	ت	و	و	ة	ن	ي	آ
غ	م	ظ	ت	و	ص	ل	ا	ط	و	ل	ج	ج
س	م	ا	ة	و	ط	ع	ى	و	ب	و	ص	ة	و
ش	ش	ر	ت	م	ط	ا	ي	ض	ز	ي	م	ي	س	ت
ب	ع	غ	ك	ك	ى	ب	خ	ش	ت	ض	ر	ع	ق	ق
ع	إ	و	ذ	ك	ا	ئ	ر	ل	م	ش	م	و	و
ظ	ل	ل	ن	ط	ي	ا	ر	ت	ف	ن	ط	ع	أ	غ
ز	ش	ي	خ	إ	ت	د	ة	ج	ر	د	ي	س	ى	ش	و
د	ف	ك	ت	ل	ة	غ	س	ن	ت	م	ي	ت	ر	ك

عرض	لتر
بايت	كتلة
عشري	متر
وزن	دقيقة
درجة	عمق
غرام	طن
ارتفاع	أوقية
كيلوغرام	الصوت
كيلومتر	سنتيمتر
الطول	بوصة

94 - Boxen

ة	ا	م	ص	خ	ل	ا	ا	ذ	م	و	ف	و	ؤ	ر
ض	ل	و	ه	خ	ا	ل	ة	ا	ب	ح	ل	ا	ت
ب	ت	ك	ف	ا	ز	ت	ل	آ	ت	ر	ع	ح	ك	م
ق	ع	ي	ر	س	ر	ج	ق	ق	و	ض	ك	ع
ه	ا	ؤ	و	غ	ة	و	ق	ن	إ	ك	ص	و	ط
ر	ف	ل	د	ص	ا	ل	ن	ق	ا	ط	ي	ت	إ
م	ي	ي	ن	ع	ذ	ز	ي	ك	ص	ع	غ	ز	ف
ش	ح	ض	ن	م	ح	ت	ج	ض	ت	غ	خ	ق	و
ى	ش	ى	آ	ق	و	ض	ؤ	ص	ق	خ	ش	ئ	ل
ب	ت	ز	م	ا	ل	ة	ق	ل	ج	ث	ة	ز	ف	ى
ح	ج	ف	ؤ	ت	ف	خ	ق	ص	ت	ز	خ	ع	س	إ
ث	س	ب	إ	ل	ص	ض	ر	ق	ز	ى	ص	ة	ث
ذ	م	غ	ذ	ر	غ	ك	ن	ى	ل	خ	س	و	ط	ز
ذ	ب	ة	ش	ص	ب	ئ	ق	ل	س	ت	ؤ	ر	ؤ	ص
ق	ف	ا	ز	آ	ذ	غ	ت	ل	ش	ؤ	ض	ك	ع

ركلة	ركن
ذقن	كوع
جثة	مرهق
النقاط	قبضة
التعافي	مهارة
حكم	التركيز
سريع	الخصم
الحبال	جرس
قوة	قفازات
	مقاتل

95 - Psychologie

ت	ع	ق	ي	ر	ن	ظ	ت	خ	ى	ر	و	ث	ي	ن
ق	خ	ق	ث	ى	غ	ف	ئ	ح	ض	ذ	ف	و	ر	ا	إ
ي	إ	ض	ي	إ	ت	ر	ا	ث	ي	أ	ت	ن	إ	م
م	ح	م	ر	ح	ة	ل	ط	ف	و	ل	د	إ	ل	ة
ع	ا	ا	د	ض	ف	ع	ل	ك	ا	ر	د	إ	ل	ا	ر
ت	ة	س	د	ض	ف	ع	ل	ك	ا	ر	د	إ	ل	ا	ر
ة	س	د	ض	ف	ع	ل	ك	ذ	ذ	خ	ذ	و	إ	ا	ف
ت	ا	ي	ر	ك	ذ	ي	ش	أ	ث	آ	إ	ا	ئ	ل	ة
ش	س	ض	ر	ى	ي	ش	م	ا	ل	ح	أ	ق	ج	أ	و
ط	ذ	ر	ش	د	ض	م	و	ذ	د	ع	و	إ	ن	ب
إ	ج	م	و	ث	خ	ف	و	ذ	د	ع	و	إ	ن	ب
ك	ف	ج	ش	خ	ص	ي	ة	ع	ز	س	س	ى	ا	ص
ؤ	ق	ل	د	ع	ك	ط	ت	د	ط	ت	آ	ص	ذ
ف	ا	ق	د	ل	و	ع	ي	ن	ئ	م	ر	ث	ك
ز	ل	إ	ف	ز	و	ا	ل	ز	ف	إ	ل	ز
ق	س	ع	ا	ز	ث	ن	س	ة	ق	ز	ج	ا	ل	ع
إ	م	ة	ز	ط	ئ	ت	و	د	غ	ل	ع	د	ؤ

تقيم	نزاع
فاقد الوعي	شخصية
الأنا	مشكلة
تأثيرات	إحساس
ذكريات	موعد
أفكار	علاج
الأفكار	أحلام
مرحلة الطفولة	سلوك
مرضي	الإدراك
معرفة	واقع

96 - Bauernhof #2

ب	ي	ل	ح	ذ	ح	ص	م	ة	ث	ئ	ي	ة	و	س
ي	ي	س	إ	ع	ط	ب	ك	ز	س	س	ك	ا	ك	ض	ؤ
ع	ق	ت	ذ	ز	و	أ	ا	ظ	ح	ي	ف	ى	ئ	ر
ا	ؤ	ط	ا	إ	ب	ة	ر	ي	ظ	ح	ا	ي	غ	ذ
ذ	ر	د	ؤ	ن	ذ	ذ	ع	ت	ف	ف	ك	و	ج	ذ
ل	ت	خ	آ	ي	ر	ل	ا	ئ	م	ة	ه	س	ر	آ
ا	خ	غ	ض	ح	ة	ق	ؤ	ل	ه	ب	ة	ط	ب	ل
ج	ك	ز	و	ر	ص	م	ئ	ز	ض	ر	ن	م	ر	ج
ر	ح	ق	م	ن	و	ح	ج	ئ	م	إ	ب	ت	ي	ض
ا	ج	ن	ت	ا	ن	ا	و	ي	ح	ل	ا	ذ	ع	ا
ر	ق	د	ذ	ت	ض	ق	خ	ذ	ك	ي	ح	س	ش	ن
ط	ا	ح	ن	و	ة	ه	و	ا	ئ	ي	ة	د	د	ز	ك
س	ع	خ	ر	و	ف	ض	ق	ر	ط	ب	ل	ن	ة	ص
و	ؤ	ن	ة	إ	ط	ي	ص	ى	خ	آ	ل	ر	ر	ص
م	ز	ث	ش	ج	ك	ص	م	غ	ص	ج	ئ	ث	و	و

بستان	مزارع
ناضج	الري
خروف	بطة
الراعي	فاكهة
حظيرة	أوز
الحيوانات	الخضروات
جرار	شعير
قمح	لهب
مرج	حبوب ذرة
طاحونة هوائية	حليب

97 - Gartenarbeit

ب	ظ	أ	غ	ل	ع	ر	ز	ض	ب	ذ	ط	ع	إ
ا	ن	و	ط	ف	ص	ء	ا	ع	و	ي	ت	ا	ن
ق	و	ر	ظ	ر	ؤ	ا	د	م	س	إ	ك	ص	ي	ك
ة	ص	ا	ل	ح	ل	ل	أ	ك	ل	ي	م	س	و	م
أ	ش	ق	إ	ح	ؤ	و	غ	د	ق	ؤ	د	ط	آ	ن
ز	ذ	ا	ز	ك	ر	ع	د	غ	ؤ	ز	ن	ع	ق	و
ه	ن	ل	ة	ق	م	ح	ت	خ	ر	ط	و	م	ر	ى
ا	ي	ش	ة	ك	ز	ر	ب	ع	ث	إ	ظ	ن	ج	ذ
ر	ظ	ج	آ	خ	ب	آ	ة	غ	ر	ي	ب	ا	م	ي
و	ر	آ	ة	ع	ا	و	ن	ل	أ	ا	خ	ص	ؤ
ؤ	ا	خ	ت	ص	ي	ص	س	ط	م	ر	ق	ج	ب
ح	ف	د	ن	ص	ى	ع	ئ	خ	ا	ت	م	س	ب
ر	ه	ز	ر	و	ذ	ب	ن	س	ن	ب	ء	ل	ت	ظ
ا	ط	ط	ق	ت	ث	ح	د	ن	د	ذ	ح	ا	و	ذ	ع
ة	ب	و	ط	ر	ن	ز	خ	ؤ	آ	ن	ح	ث	خ	ن

الأنواع	سماد
ورقة	أوراق الشجر
زهر	بستان
تربة	بذور
نباتي	موسمي
وعاء	خرطوم
صالح للأكل	التراب
غريب	باقة أزهار
رطوبة	ماء
مناخ	

98 - Berufe #2

ع	ح	ف	ن	آ	ك	ي	ر	ع	م	ت	ع	ج	ج	ق
ا	ل	ن	ز	ب	ح	ث	ا	خ	ق	ن	ر	ذ	ن
ل	ر	د	ف	و	س	ل	ي	ت	ق	ا	ا	ر	ض	م
م	ا	ه	ة	إ	ج	ز	خ	إ	ر	ح	ن	ي	ع	ف
ا	ئ	ا	ش	ض	آ	ص	ص	ى	ع	م	س	ط	ك	إ
ل	د	ن	م	ح	ا	ز	ح	ي	ب	ذ	أ	ك	ل	ح
ح	ف	ب	د	ت	ف	ك	ض	آ	ك	ف	ا	ب	ط	ش
ي	ض	ص	س	ي	ا	س	ي	ث	ل	ظ	ي	ر	ذ	ض
و	ا	أ	م	ي	ن	ل	ا	م	ك	ت	ب	ة	ب	ع
ا	ء	م	إ	آ	ق	ص	ث	ش	ق	ط	ب	ي	ب
ن	ة	ي	آ	ا	ب	و	س	ن	و	و	د	ك	د	س	آ
د	ل	غ	و	ي	ر	د	ل	ط	ن	ر	غ	ت	د	آ
س	ر	د	م	ح	غ	و	ت	إ	ل	د	و	إ	ا	ب	ن	ى
ث	د	د	ل	ا	أ	ب	ج	ا	خ	و	ن	ر	ل	ه	و
إ	ك	إ	ق	ي	ظ	د	م	غ	ي	ص	ي	ر	م	ع

طبيب	مهندس
رائد فضاء	صحفي
أمين المكتبة	مدرس
أحيائي	لغوي
جراح	دهان
محقق	فيلسوف
مخترع	طيار
باحث	سياسي
بستاني	طبيب أسنان
المصور	عالم الحيوان

99 - Wetter

ا	ز	غ	ن	ا	ظ	ا	ف	ت	ا	ل	ب	ط	ر	ج
ل	ع	ه	ك	ر	ئ	ع	ح	ق	ل	ط	ا	ق	ش	ا
ض	ي	د	خ	ي	ب	ص	س	غ	س	ؤ	خ	ص	ف
ب	ق	و	س	ق	ز	ح	م	ع	ل	ط	ق	ذ	ع	ر
ا	ف	ء	ق	ر	ي	ا	ب	ر	ق	ة	ى	د	ي	ج
ب	ة	خ	ر	ق	ء	ي	س	ف	ر	آ	ي	ص	ف
م	ش	ل	ط	آ	ث	ن	د	ئ	ا	ز	خ	ف	ا
ن	خ	ب	ض	د	ع	ر	ل	ا	ل	ر	و	ص	ة	ف
ا	ي	ة	و	ا	ك	ظ	ث	و	ج	ح	ل	ة	ذ	ل
خ	ظ	ئ	ر	ا	ص	ع	إ	ت	و	ل	ي	ذ	ى	غ
ي	ر	ج	ل	ف	ظ	و	ؤ	س	ي	ا	خ	ة	ز	ز
ث	ي	ر	ظ	ق	ز	س	ح	ا	ب	ة	ئ	ل	ل	ض
غ	ي	ز	س	ى	س	ل	د	ي	ل	ج	ذ	ت	ر	ى
ح	ي	ي	ح	ظ	غ	ر	ج	ي	ش	ر	ؤ	ق	ي	ة
د	ظ	ز	ا	ك	ل	ر	ئ	إ	ل	د	ي	ل	ص

الغلاف الجوي	قطبي
برق	قوس قزح
نسيم	هدوء
الرعد	عاصفة
جفاف	درجة الحرارة
جليد	إعصار
رطب	جاف
سماء	استوائي
مناخ	ريح
الضباب	سحابة

100 - Chemie

ف	و	ث	م	ذ	إ	غ	ز	ع	ئ	ق	ش	ن	م	ى
ة	ر	ا	ر	ح	ل	ا	ة	ج	ر	د	ع	ى	ك	ف
ر	م	د	ق	ل	ف	ز	ث	ك	د	ح	ئ	ص	س	ف
ا	ط	غ	ظ	م	ك	ذ	ز	ظ	ح	ة	خ	ك	ح	س
ر	م	ا	ؤ	ق	س	د	ن	ن	آ	ز	ح	ن	ح	ا
ح	ر	ح	ب	ج	ح	ظ	ئ	خ	س	ش	ن	ز	و	س	ئ	ل
ذ	ف	د	ة	ج	خ	س	ص	ج	و	ة	ي	ظ	ل	آ
ح	م	ض	ف	ط	غ	ز	ع	ل	ن	و	ت	أ	ب	أ
ض	ج	ق	ك	ع	ن	ن	ذ	ض	ي	ن	ج	س	ك	ت
ل	ي	ص	ح	و	ا	ن	ز	ي	م	ر	خ
خ	ت	ط	ش	د	ؤ	ر	ي	ب	ك	ل	و	ر	ن	ح	ي
غ	ح	آ	ب	ف	ت	ة	ص	ر	م	ل	ن	ق	آ	ع
ض	ة	ي	ة	ا	ل	ة	ز	ك	ث	ق	ك	ق	ج	ي	س	ن
س	ر	ك	د	ذ	ن	ه	ي	د	ر	و	ج	ي	ن	ا	ي
و	ؤ	س	ث	د	ة	إ	ظ	ت	ط	م	ر	ح	ا	ي

قلوي	كربون
كلور	مركب
إلكترون	نووي
انزيم	عضوي
سائل	رد فعل
غاز	ملح
وزن	أكسجين
حرارة	حمض
أيون	درجة الحرارة
محفز	هيدروجين

1 - Gesundheit und Wellness #2

2 - Ozean

3 - Krankheit

4 - Meditation

5 - Archäologie

6 - Insekten

7 - Gesundheit und Wellness #1

8 - Obst

9 - Universum

10 - Camping

11 - Zeit

12 - Säugetiere

13 - Algebra

14 - Diplomatie

15 - Astronomie

16 - Geologie

17 - Sport

18 - Mythologie

19 - Restaurant #2

20 - Ökologie

21 - Boote

22 - Stadt

23 - Aktivitäten

24 - Bienen

25 - Wissenschaftliche

26 - Vögel

27 - Biologie

28 - Garten

29 - Antarktis

30 - Fahren

31 - Physik

32 - Bücher

33 - Menschlicher Körper

34 - Agronomie

35 - Landschaften

36 - Abenteuer

37 - Flugzeuge

38 - Haartypen

39 - Essen #1

40 - Ethik

41 - Gebäude

42 - Mode

43 - Essen #2

44 - Energie

45 - Familie

46 - Pflanzen

47 - Kunst

48 - Gewürze

49 - Kreativität

50 - Geschäft

51 - Ingenieurwesen

52 - Kaffee

53 - Gemüse

54 - Schönheit

55 - Tanzen

56 - Ernährung

57 - Länder #1

58 - Technologie

59 - Science Fiction

60 - Literatur

61 - Wandern

62 - Globale Erwärmung

63 - Länder #2

64 - Fahrzeuge

65 - Musikinstrumente

66 - Blumen

67 - Natur

68 - Urlaub #2

69 - Barbecues

70 - Küche

71 - Schach

72 - Geographie

73 - Zahlen

74 - Tage und Monate

75 - Zu Füllen

76 - Das Unternehmen

77 - Kräuterkunde

78 - Aktivitäten und Freizeit

79 - Formen

80 - Musik

81 - Antiquitäten

82 - Adjektive #2

83 - Kleidung

84 - Farben

85 - Haus

86 - Bauernhof #1

87 - Regierung

88 - Berufe #1

89 - Adjektive #1

90 - Geometrie

91 - Jazz

92 - Mathematik

93 - Messungen

94 - Boxen

95 - Psychologie

96 - Bauernhof #2

97 - Gartenarbeit

98 - Berufe #2

99 - Wetter

100 - Chemie

Wörterbuch

Abenteuer
مغامرة

Aktivität	نشاط
Ausflug	انجراف
Begeisterung	حماس
Chance	فرصة
Freude	مرح
Freunde	اصحاب
Gefährlich	خطير
Natur	طبيعة
Navigation	الملاحة
Neu	الجديد
Reisen	السفر
Route	مسار الرحلة
Schönheit	جمال
Schwierigkeit	صعوبة
Sicherheit	أمن
Tapferkeit	شجاعة
Ungewöhnlich	غير عادي
Überraschend	مفاجأة
Vorbereitung	تحضير
Ziel	وجهة

Adjektive #1
الصفات #1

Absolut	مطلق
Aktiv	نشط
Aromatisch	عطري
Attraktiv	جذاب
Dunkel	داكن
Dünn	رقيق
Ehrlich	صادق
Glücklich	سعيد
Identisch	متطابقة
Künstlerisch	فني
Langsam	بطيء
Modern	حديث
Perfekt	كامل
Riesig	ضخم
Schön	جميل
Schwer	ثقيل
Tief	عميق
Unschuldig	البريء
Wertvoll	ذو قيمة
Wichtig	مهم

Adjektive #2
الصفات #2

Authentisch	أصلي
Berühmt	مشهور
Beschreibend	وصفي
Dramatisch	دراماتيكي
Elegant	أنيق
Essbar	صالح للأكل
Frisch	طازج
Gesund	صحي
Hungrig	جائع
Interessant	مشوق
Kreativ	خلاق
Natürlich	طبيعي
Neu	الجديد
Normal	عادي
Produktiv	إنتاجي
Salzig	مالح
Stark	قوي
Stolz	فخور
Verantwortlich	مسؤول
Wild	بري

Agronomie
هندسة الزراعية

Boden	تربة
Dünger	سماد
Energie	طاقة
Erosion	تآكل
Gemüse	خضروات
Krankheit	الأمراض
Landwirtschaft	زراعة
Ländlich	قروي
Nachhaltig	مستدام
Organisch	عضوي
Ökologie	علم البيئة
Pflanzen	نباتات
Produktion	إنتاج
Studie	دراسة
Systeme	الأنظمة
Umwelt	بيئة
Verschmutzung	التلوث
Wachstum	نمو
Wasser	ماء
Wissenschaft	علم

Aktivitäten
الأنشطة

Aktivität	نشاط
Angeln	صيد السمك
Camping	تخييم
Entspannung	استرخاء
Fähigkeit	مهارة
Fotografie	تصوير
Freizeit	الترفيه
Gartenarbeit	بستنة
Gemälde	اللوحة
Interessen	المصالح
Jagd	صيد
Kunst	فن
Kunsthandwerk	الحرف
Lesen	قراءة
Magie	سحر
Nähen	خياطة
Spiele	ألعاب
Stricken	الحياكة
Tanzen	الرقص
Vergnügen	متعة

Aktivitäten und Freizeit
الأنشطة والترفيه

Angeln	صيد السمك
Baseball	بيسبول
Basketball	كرة السلة
Boxen	ملاكمة
Camping	تخييم
Einkaufen	التسوق
Entspannend	الاسترخاء
Fussball	كرة القدم
Gartenarbeit	بستنة
Gemälde	اللوحة
Golf	جولف
Hobbies	الهوايات
Kunst	فن
Reise	السفر
Rennen	سباق
Schwimmen	سباحة
Surfen	صفح
Tauchen	الغوص
Tennis	تنس
Volleyball	الكرة الطائرة

Algebra
الجبر

Bruchteil	جزء
Diagramm	رسم بياني
Exponent	أس
Faktor	عامل
Falsch	خطأ
Gleichung	معادلة
Graph	الرسم البياني
Klammern	قوس
Linear	خطي
Lösung	حل
Matrix	مصفوفة
Menge	كمية
Null	صفر
Nummer	رقم
Problem	مشكلة
Subtraktion	الطرح
Summe	مجموع
Unendlich	لانهائي
Variable	متغير
Vereinfachen	تبسيط

Antarktis
القارة القطبية الجنوبية

Bucht	كوف
Eis	جليد
Erhaltung	الحفظ
Expedition	البعثة
Felsig	صخري
Forscher	باحث
Geographie	جغرافية
Halbinsel	شبه جزيرة
Inseln	الجزر
Kontinent	قارة
Migration	هجرة
Mineralien	المعادن
Temperatur	درجة الحرارة
Topographie	طبوغرافيا
Umwelt	بيئة
Vögel	الطيور
Wasser	ماء
Wetter	طقس
Wind	رياح
Wissenschaftlich	علمي

Antiquitäten
التحف

Alt	قديم
Authentisch	أصلي
Dekorativ	ديكور
Elegant	أنيق
Enthusiast	متحمس
Galerie	معرض
Gemälde	لوحات
Investition	استثمار
Jahrhundert	قرن
Kunst	فن
Möbel	أثاث
Münzen	عملات معدنية
Preis	ثمن
Qualität	جودة
Schmuck	مجوهرات
Skulptur	النحت
Stil	نمط
Ungewöhnlich	غير عادي
Wert	القيمة
Zustand	شرط

Archäologie
علم الآثار

Analyse	تحليل
Auswertung	تقييم
Ära	عصر
Experte	خبير
Forscher	باحث
Fossil	حفرية
Geheimnis	لغز
Grab	قبر
Knochen	عظام
Mannschaft	فريق
Nachkomme	سليل
Objekte	الكائنات
Professor	أستاذ
Relikt	بقايا
Tempel	معبد
Unbekannt	غير معروف
Uralt	قديم
Vergessen	منسي
Zivilisation	الحضارة

Astronomie
علم الفلك

Asteroid	الكويكب
Astronaut	رائد فضاء
Astronom	فلكي
Erde	أرض
Himmel	سماء
Komet	مذنب
Konstellation	كوكبة
Kosmos	عالم
Meteor	نيزك
Mond	قمر
Nebel	سديم
Observatorium	مرصد
Planet	كوكب
Rakete	صاروخ
Sonne	شمس
Stern	نجم
Supernova	سوبرنوفا
Teleskop	مقراب
Tierkreis	البروج
Universum	كون

Barbecues
حفلات الشواء

Abendessen	عشاء
Familie	أسرة
Frucht	فاكهة
Gabeln	الشوك
Gemüse	خضروات
Grill	شواية
Heiss	حار
Huhn	دجاج
Hunger	جوع
Kinder	الأطفال
Kochen	طبخ
Messer	سكاكين
Mittagessen	غداء
Musik	موسيقى
Pfeffer	فلفل
Salate	السلطات
Salz	ملح
Sommer	صيف
Sosse	صلصة
Spiele	ألعاب

Bauernhof #1
مزرعة #1

Biene	نحلة
Dünger	سماد
Esel	حمار
Feld	حقل
Heu	تبن
Honig	عسل
Huhn	دجاج
Hund	كلب
Kalb	عجل
Katze	قط
Krähe	غراب
Kuh	بقرة
Land	الأرض
Landwirtschaft	زراعة
Pferd	حصان
Reis	أرز
Schwein	خنزير
Wasser	ماء
Zaun	سياج
Ziege	ماعز

Bauernhof #2
مزرعة #2

Bauer	مزارع
Bewässerung	الري
Ente	بطة
Frucht	فاكهة
Gänse	أوز
Gemüse	الخضراوات
Gerste	شعير
Lama	لها
Mais	حبوب ذرة
Milch	حليب
Obstgarten	بستان
Reif	ناضج
Schaf	خروف
Schäfer	الراعي
Scheune	حظيرة
Tiere	الحيوانات
Traktor	جرار
Weizen	قمح
Wiese	مرج
Windmühle	طاحونة هوائية

Berufe #1
المهن #1

Arzt	طبيب
Astronom	فلكي
Bankier	مصرفي
Botschafter	سفير
Buchhalter	محاسب
Geologe	جيولوجي
Jäger	صياد
Juwelier	صائغ
Kartograph	رسام خرائط
Klempner	سباك
Krankenschwester	ممرض
Künstler	فنان
Mechaniker	ميكانيكي
Pianist	عازف البيانو
Psychologe	علم النفس
Rechtsanwalt	محامي
Schneider	خياط
Tänzer	راقصة
Tierarzt	طبيب بيطري
Trainer	مدرب

Berufe #2
المهن #2

Arzt	طبيب
Astronaut	رائد فضاء
Bibliothekar	أمين المكتبة
Biologe	أحيائي
Chirurg	جراح
Detektiv	محقق
Erfinder	مخترع
Forscher	باحث
Gärtner	يستاني
Illustrator	المصور
Ingenieur	مهندس
Journalist	صحفي
Lehrer	مدرس
Linguist	لغوي
Maler	دهان
Philosoph	فيلسوف
Pilot	طيار
Politiker	سياسي
Zahnarzt	طبيب أسنان
Zoologe	عالم الحيوان

Bienen
النحل

Bestäuber	الملقحات
Bienenkorb	خلية
Blumen	الزهور
Blüte	زهر
Flügel	أجنحة
Frucht	فاكهة
Garten	حديقة
Honig	عسل
Insekt	حشرة
Königin	ملكة
Lebensraum	الموئل
Ökosystem	يئي البالنظام
Pflanzen	نباتات
Pollen	لقاح
Rauch	دخان
Schwarm	سرب
Sonne	شمس
Vielfalt	تنوع
Vorteilhaft	مفيد
Wachs	شمع

Biologie
علم الأحياء

Anatomie	تشريح
Chromosom	كروموسوم
Embryo	جنين
Enzym	انزيم
Evolution	تطور
Hormon	هرمون
Kern	نواة
Kollagen	الكولاجين
Mutation	طفرة
Natürlich	طبيعي
Nerv	عصب
Neuron	عصبون
Osmose	تناضح
Pflanzen	نباتات
Protein	بروتين
Reptil	الزواحف
Säugetier	الثدييات
Symbiose	تكافل
Synapse	المشبك
Zelle	خلية

Blumen
روهز

Blütenblatt	البتلة
Gardenie	جاردينيا
Gänseblümchen	ديزي
Hibiskus	الكركديه
Jasmin	ياسمين
Klee	نفل
Lavendel	خزامى
Lila	أرجواني
Lilie	زنبق
Löwenzahn	الهندباء
Magnolie	ماغنوليا
Mohn	الخشخاش
Orchidee	السحلب
Passionsblume	زهرة عاطفة
Pfingstrose	الفاوانيا
Plumeria	بلوميريا
Rose	وردة
Sonnenblume	عباد الشمس
Strauss	باقة أزهار
Tulpe	توليب

Boote
القوارب

Anker	مرساة
Boje	عوامة
Crew	طاقم
Dock	رصيف
Fähre	العبارة
Floss	طوف
Fluss	نهر
Kajak	كاياك
Kanu	الزورق
Mast	سارية
Meer	بحر
Motor	محرك
Nautisch	بحري
Ozean	محيط
Rettungsboot	قارب نجاة
See	بحيرة
Segelboot	مركب شراعي
Seil	حبل
Wellen	أمواج
Yacht	يخت

Boxen
ملاكمة

Ecke	ركن
Ellbogen	كوع
Erschöpft	مرهق
Faust	قبضة
Fähigkeit	مهارة
Fokus	التركيز
Gegner	الخصم
Glocke	جرس
Handschuhe	قفازات
Kämpfer	مقاتل
Kick	ركلة
Kinn	ذقن
Körper	جثة
Punkte	النقاط
Recovery	التعافي
Schiedsrichter	حكم
Schnell	سريع
Seile	الحبال
Stärke	قوة

Bücher
كتب

Abenteuer	مغامرة
Autor	مؤلف
Dualität	الازدواجية
Episch	ملحمة
Erfinderisch	مبدع
Erzähler	الراوي
Gedicht	قصيدة
Geschichte	قصة
Geschrieben	مكتوب
Historisch	تاريخي
Humorvoll	روح الدعابة
Kollektion	مجموعة
Kontext	سياق الكلام
Leser	قارئ
Literarisch	أدبي
Poesie	شعر
Roman	رواية
Seite	صفحة
Serie	سلسلة
Tragisch	مأساوي

Camping
عسكرة

Abenteuer	مغامرة
Berg	جبل
Feuer	نار
Hängematte	أرجوحة
Hut	قبعة
Insekt	حشرة
Jagd	الصيد
Kabine	المقصورة
Kanu	الزورق
Karte	خريطة
Kompass	بوصلة
Laterne	فانوس
Mond	قمر
Natur	طبيعة
See	بحيرة
Seil	حبل
Spass	مرح
Tiere	الحيوانات
Wald	غابة
Zelt	خيمة

Chemie
كيمياء

Alkalisch	قلوي
Chlor	كلور
Elektron	الكترون
Enzym	انزيم
Flüssigkeit	سائل
Gas	غاز
Gewicht	وزن
Hitze	حرارة
Ion	أيون
Katalysator	محفز
Kohlenstoff	كربون
Molekül	مركب
Nuklear	نووي
Organisch	عضوي
Reaktion	رد فعل
Salz	ملح
Sauerstoff	أكسجين
Säure	حمض
Temperatur	درجة الحرارة
Wasserstoff	هيدروجين

Das Unternehmen
الشركة

Beschäftigung	توظيف
Einheiten	الوحدات
Einnahmen	إيرادات
Entscheidung	قرار
Fortschritt	تقدم
Geschäft	عمل
Global	عالمي
Industrie	صناعة
Innovativ	مبتكر
Investition	استثمار
Kreativ	خلاق
Löhne	الأجور
Möglichkeit	إمكانية
Präsentation	عرض
Produkt	المنتج
Professionell	محترف
Qualität	جودة
Ressourcen	الموارد
Risiken	المخاطر
Ruf	سمعة

Diplomatie
الدبلوماسية

Ausländisch	أجنبي
Berater	مستشار
Botschaft	السفارة
Botschafter	سفير
Bürger	المواطنون
Diplomatisch	دبلوماسي
Diskussion	نقاش
Ethik	أخلاق
Gemeinschaft	ملة
Gerechtigkeit	عدالة
Humanitär	إنساني
Integrität	النزاهة
Konflikt	نزاع
Lösung	حل
Politik	سياسة
Regierung	حكومة
Sicherheit	أمن
Sprachen	اللغات
Vertrag	معاهدة
Zusammenarbeit	تعاون

Energie
الطاقة

Batterie	البطارية
Benzin	بنزين
Brennstoff	وقود
Diesel	ديزل
Elektrisch	كهربائي
Elektron	إلكترون
Entropie	غير قادر علي
Erneuerbar	قابل للتجديد
Hitze	حرارة
Industrie	صناعة
Kohlenstoff	كربون
Motor	محرك
Nuklear	نووي
Photon	فوتون
Sonne	شمس
Turbine	التوربينات
Umwelt	بيئة
Verschmutzung	التلوث
Wasserstoff	هيدروجين
Wind	ريح

Ernährung
التغذية

Appetit	ةيهش
Ausgewogen	متوازن
Bitter	مر
Diät	حمية
Essbar	صالح للأكل
Fermentation	تخمير
Geschmack	نكهة
Gesund	صحي
Gesundheit	الصحة
Getreide	الحبوب
Gewicht	وزن
Kohlenhydrate	الكربوهيدرات
Nährstoff	المغذي
Portion	جزء
Proteine	البروتينات
Qualität	جودة
Sosse	صلصة
Toxin	سم
Verdauung	هضم
Vitamin	فيتامين

Essen #1
الغذاء #1

Basilikum	ريحان
Birne	كمثرى
Erdbeere	فراولة
Fleisch	لحم
Gerste	شعير
Kaffee	قهوة
Karotte	جزر
Knoblauch	ثوم
Milch	حليب
Rübe	لفت
Saft	عصير
Salat	سلطة
Salz	ملح
Spinat	سبانخ
Suppe	حساء
Thunfisch	تونة
Zimt	قرفة
Zitrone	ليمون
Zucker	السكر
Zwiebel	بصل

Essen #2
الغذاء #2

Apfel	تفاح
Artischocke	خرشوف
Aubergine	باذنجان
Banane	موز
Brokkoli	بروكلي
Brot	خبز
Ei	بيضة
Fisch	سمك
Joghurt	زبادي
Käse	جبن
Kirsche	كرز
Mandel	لوز
Pilz	فطر
Reis	أرز
Schinken	لحم الخنزير
Schokolade	شوكولاتة
Sellerie	كرفس
Spargel	هليون
Tomate	طماطم
Weizen	قمح

Ethik
الأخلاق

Altruismus	إيثار
Diplomatisch	دبلوماسي
Ehrlichkeit	الصدق
Freundlichkeit	اللطف
Geduld	صبر
Individualismus	الفردية
Integrität	النزاهة
Menschheit	إنسانية
Mitgefühl	عطف
Optimismus	تفاؤل
Philosophie	فلسفة
Rationalität	العقلانية
Realismus	الواقعية
Respektvoll	محترم
Toleranz	التسامح
Vernünftig	معقول
Weisheit	حكمة
Werte	القيم
Würde	كرامة
Zusammenarbeit	تعاون

Fahren
القيادة

Auto	سيارة
Bremsen	فرامل
Brennstoff	وقود
Bus	حافلة
Garage	كراج
Gas	غاز
Gefahr	خطر
Geschwindigkeit	سرعة
Karte	خريطة
Lizenz	رخصة
Lkw	شاحنة
Motor	محرك
Motorrad	دراجة نارية
Polizei	شرطة
Sicherheit	أمن
Transport	النقل
Tunnel	نفق
Unfall	حادث
Verkehr	حركة المرور
Vorsicht	الحذر

Fahrzeuge
المركبات

Auto	سيارة
Boot	قارب
Bus	حافلة
Fahrrad	دراجة
Fähre	العبارة
Floss	طوف
Flugzeug	طائرة
Hubschrauber	هليكوبتر
Krankenwagen	سيارة إسعاف
Lkw	شاحنة
Motor	محرك
Rakete	صاروخ
Reifen	الإطارات
Roller	سكوتر
Taxi	تاكسي
Traktor	جرار
U-Bahn	مترو
U-Boot	غواصة
Wohnwagen	قافلة
Zug	قطار

Familie
عائلة

Bruder	شقيق
Ehefrau	زوجة
Ehemann	الزوج
Enkel	حفيد
Grossmutter	جدة
Grossvater	جد
Kind	طفل
Kinder	الأطفال
Kindheit	مرحلة الطفولة
Mutter	أم
Mütterlich	الأم
Neffe	ابن أخ
Onkel	العم
Schwester	أخت
Tante	عمة
Tochter	ابنة
Vater	أب
Väterlich	الأب
Vetter	ابن عم
Vorfahr	سلف

Farben
الألوان

Azurblau	أزور
Beige	بيج
Blau	أزرق
Braun	بني
Fuchsie	فوشيا
Gelb	أصفر
Grau	رمادي
Grün	أخضر
Indigo	نيلي
Lila	أرجواني
Orange	برتقالي
Purpur	قرمزي
Rosa	وردي
Rot	أحمر
Schwarz	أسود
Sepia	بني داكن
Violett	بنفسج
Weiss	أبيض
Zyan	أزرق سماوي

Flugzeuge
الطائرات

Abenteuer	مغامرة
Abstieg	أصل
Atmosphäre	الغلاف الجوي
Ballon	بالون
Brennstoff	وقود
Crew	طاقم
Design	التصميم
Geschichte	التاريخ
Himmel	سماء
Höhe	ارتفاع
Konstruktion	بناء
Luft	هواء
Motor	محرك
Navigieren	التنقل
Passagier	راكب
Pilot	طيار
Propeller	مروحة
Turbulenz	اضطراب
Wasserstoff	هيدروجين
Wetter	طقس

Formen
الأشكال

Bogen	قوس
Dreieck	مثلث
Ecke	ركن
Hyperbel	القطع الزائد
Kanten	حواف
Kegel	مخروط
Kreis	دائرة
Kurve	منحنى
Linie	خط
Oval	البيضاوي
Polygon	مضلع
Prisma	موشور
Pyramide	هرم
Quadrat	مربع
Rechteck	مستطيل
Rund	مستدير
Seite	الجانب
Würfel	مكعب
Zylinder	اسطوانة

Garten
حديقة

Bank	مقعد
Baum	شجرة
Blume	زهرة
Boden	تربة
Busch	بوش
Garage	كراج
Garten	حديقة
Gras	عشب
Hängematte	أرجوحة
Obstgarten	بستان
Rechen	أشعل النار
Schaufel	مجرفة
Schlauch	خرطوم
Teich	بركة
Terrasse	مصطبة
Trampolin	الترامبولين
Unkraut	الأعشاب
Veranda	رواق
Zaun	سياج

Gartenarbeit
البستنة

Art	الأنواع
Blatt	ورقة
Blüte	زهر
Boden	تربة
Botanisch	نباتي
Container	وعاء
Essbar	صالح للأكل
Exotisch	غريب
Feuchtigkeit	رطوبة
Klima	مناخ
Kompost	سماد
Laub	أوراق الشجر
Obstgarten	بستان
Saat	بذور
Saisonal	موسمي
Schlauch	خرطوم
Schmutz	التراب
Strauss	باقة أزهار
Wasser	ماء

Gebäude
المباني

Bauernhof	مزرعة
Botschaft	السفارة
Fabrik	مصنع
Garage	كراج
Herberge	نزل
Hotel	فندق
Kabine	المقصورة
Kino	سينما
Krankenhaus	مستشفى
Labor	مختبر
Museum	متحف
Observatorium	مرصد
Scheune	حظيرة
Schule	مدرسة
Stadion	ملعب
Supermarkt	سوبر ماركت
Theater	مسرح
Turm	برج
Universität	جامعة
Zelt	خيمة

Gemüse
خضروات

Artischocke	خرشوف
Aubergine	باذنجان
Blumenkohl	قرنبيط
Brokkoli	بروكلي
Erbse	بازلاء
Gurke	خيار
Ingwer	زنجبيل
Karotte	جزر
Kartoffel	البطاطس
Knoblauch	ثوم
Kürbis	يقطين
Olive	زيتون
Petersilie	بقدونس
Pilz	فطر
Rübe	لفت
Salat	سلطة
Sellerie	كرفس
Spinat	سبانخ
Tomate	طماطم
Zwiebel	بصل

Geographie
الجغرافيا

Atlas	أطلس
Äquator	خط الاستواء
Berg	جبل
Breite	خط العرض
Fluss	نهر
Globus	كرة
Höhe	ارتفاع
Insel	جزيرة
Karte	خريطة
Kontinent	قارة
Land	بلد
Längengrad	خط الطول
Meer	بحر
Meridian	ميريديان
Norden	شمال
Ozean	محيط
Region	منطقة
Stadt	مدينة
Welt	العالمية
West	غرب

Geologie
جيولوجيا

Erdbeben	زلزال
Erosion	تآكل
Fossil	حفرية
Geschmolzen	مولتن
Geysir	سخان
Höhle	كهف
Kalzium	الكالسيوم
Kontinent	قارة
Koralle	المرجان
Lava	الحمم
Mineralien	المعادن
Plateau	هضبة
Quarz	مرو
Salz	ملح
Säure	حمض
Stalagmiten	الصواعد
Stein	حجر
Vulkan	بركان
Zone	منطقة
Zyklen	دورات

Geometrie
الهندسة

Anteil	نسبة
Berechnung	حساب
Dimension	البعد
Dreieck	مثلث
Durchmesser	قطر
Gleichung	معادلة
Horizontal	أفقي
Höhe	ارتفاع
Kreis	دائرة
Kurve	منحنى
Logik	منطق
Masse	كتلة
Nummer	رقم
Oberfläche	سطح
Parallel	مواز
Quadrat	مربع
Segment	قطعة
Symmetrie	تناظر
Theorie	نظرية
Winkel	زاوية

Geschäft
الأعمال

Arbeitgeber	صاحب العمل
Budget	ميزانية
Büro	مكتب
Einkommen	الإيرادات
Fabrik	مصنع
Geld	مال
Geschäft	متجر
Gewinn	ربح
Investition	استثمار
Karriere	مهنة
Kosten	التكلفة
Manager	مدير
Mitarbeiter	موظف
Rabatt	خصم
Steuern	الضرائب
Transaktion	عملية تجارية
Verkauf	بيع
Ware	بضائع
Währung	عملة
Wirtschaft	الاقتصاد

Gesundheit und Wellness #1
الصحة والعافية #1

Aktiv	نشط
Apotheke	صيدلية
Arzt	طبيب
Bakterien	بكتيريا
Behandlung	العلاج
Entspannung	استرخاء
Fraktur	كسر
Gewohnheit	عادة
Haut	جلد
Höhe	ارتفاع
Hunger	جوع
Klinik	عيادة
Knochen	عظام
Medizin	دواء
Medizinisch	طبي
Nerven	أعصاب
Reflex	منعكس
Therapie	علاج
Verletzung	إصابة
Virus	فيروس

Gesundheit und Wellness #2
الصحة والعافية #2

Allergie	حساسية
Anatomie	تشريح
Appetit	شهية
Blut	دم
Diät	حمية
Energie	طاقة
Ernährung	تغذية
Genetik	علم الوراثة
Gesund	صحي
Gewicht	وزن
Hygiene	النظافة
Infektion	عدوى
Krankenhaus	مستشفى
Krankheit	مرض
Massage	تدليك
Risiken	المخاطر
Schlafen	نوم
Sport	رياضات
Stress	ضغط
Vitamin	فيتامين

Gewürze
التوابل

Anis	اليانسون
Bitter	مر
Curry	كاري
Fenchel	الشمرة
Geschmaok	نكهة
Ingwer	زنجبيل
Kardamom	حب الهال
Knoblauch	ثوم
Lakritze	عرق السوس
Muskatnuss	جوزة الطيب
Nelke	القرنفل
Paprika	فلفل أحمر
Pfeffer	فلفل
Safran	زعفران
Salz	ملح
Sauer	حامض
Süss	حلو
Vanille	فانيلا
Zimt	قرفة
Zwiebel	بصل

Globale Erwärmung
الاحتباس الحراري

Arktis	القطب الشمالي
Aufmerksamkeit	انتباه
Bevölkerung	السكان
Daten	البيانات
Energie	طاقة
Entwicklung	تطور
Gas	غاز
Generationen	الأجيال
Gesetzgebung	تشريع
Industrie	صناعة
International	دولي
Jetzt	الآن
Klima	مناخ
Krise	أزمة
Lebensraum	بيئات
Regierung	حكومة
Temperaturen	درجات الحرارة
Umwelt	البيئة
Wissenschaftler	عالم
Zukunft	مستقبل

Haartypen
أنواع الشعر

Blond	أشقر
Braun	بني
Dick	سميك
Dünn	رقيق
Farbig	ملون
Geflochten	مضفر
Gesund	صحي
Grau	رمادي
Kahl	أصلع
Kurz	قصيرة
Lang	طويل
Locken	تجعيد الشعر
Lockig	مجعد
Schwarz	أسود
Silber	فضة
Trocken	جاف
Weich	ناعم
Weiss	أبيض
Wellig	متموج
Zöpfe	الضفائر

Haus
منزل

Besen	مكنسة
Bibliothek	مكتبة
Dach	سقف
Dachboden	علبه
Dusche	دش
Fenster	نافذة
Garage	كراج
Garten	حديقة
Kamin	مدفأة
Küche	مطبخ
Lampe	مصباح
Möbel	ثاث
Schlafzimmer	غرفة نوم
Schlüssel	مفتاح
Schornstein	مدخنة
Spiegel	مرآة
Tür	باب
Wand	حائط
Zaun	جاي
Zimmer	غرفة

Ingenieurwesen
هندسة

Achse	محور
Antrieb	الدفع
Berechnung	حساب
Diagramm	رسم بياني
Diesel	ديزل
Durchmesser	قطر
Energie	طاقة
Flüssigkeit	سائل
Getriebe	الترس
Hebel	العتلات
Konstruktion	بناء
Maschine	آلة
Messung	قياس
Motor	محرك
Stabilität	استقرار
Stärke	قوة
Struktur	هيكل
Tiefe	عمق
Verteilung	توزيع
Winkel	زاوية

Insekten
الحشرات

Ameise	نملة
Biene	نحلة
Blattlaus	المن
Floh	برغوث
Gottesanbeterin	فرس النبي
Heuschrecke	جندب
Hornisse	الدبور
Kakerlake	صرصور
Käfer	خنفساء
Larve	يرقة
Libelle	يعسوب
Marienkäfer	الخنفساء
Motte	عثة
Mücke	البعوض
Schmetterling	فراشة
Termite	أرضة
Wespe	دبور
Wurm	دودة
Zikade	الزيز

Jazz
موسيقى الجاز

Album	ألبوم
Alt	قديم
Applaus	تصفيق
Berühmt	مشهور
Favoriten	المفضلة
Genre	النوع
Improvisation	الارتجال
Komponist	ملحن
Konzert	حفلة موسيقية
Künstler	فنان
Lied	أغنية
Musik	موسيقى
Musiker	الموسيقيون
Neu	الجديد
Orchester	أوركسترا
Rhythmus	إيقاع
Solo	منفردا
Stil	نمط
Talent	الموهبة
Technik	تقنية

Kaffee
قهوة

Bitter	مر
Creme	كريم
Filter	فلتر
Flüssigkeit	سائل
Geröstet	مشوي
Geschmack	نكهة
Getränk	مشروب
Koffein	كافيين
Mahlen	طحن
Milch	حليب
Morgen	صباح
Preis	ثمن
Sauer	حمضي
Schwarz	أسود
Tasse	كوب
Ursprung	الأصل
Vielfalt	نوع
Wasser	ماء
Zucker	السكر

Kleidung
ملابس

Armband	سوار
Bluse	بلوزة
Gürtel	حزام
Halskette	قلادة
Handschuhe	قفازات
Hemd	قميص
Hose	سروال
Hut	قبعة
Jacke	السترة
Jeans	جينز
Kleid	فستان
Mantel	معطف
Mode	موضة
Pullover	سترة
Rock	تنورة
Schal	وشاح
Schlafanzug	لباس نوم
Schmuck	مجوهرات
Schuh	حذاء
Schürze	مئزر

Krankheit
مرض

Abdominal	البطن
Akut	شديد
Allergien	الحساسية
Ansteckend	معدي
Atemwege	تنفسي
Bakteriell	بكتيري
Chronisch	مزمن
Entzündung	التهاب
Erblich	وراثي
Genetisch	الوراثية
Gesundheit	الصحة
Herz	قلب
Immunität	الحصانة
Knochen	عظام
Körper	جثة
Pulmonal	رئوي
Schwach	ضعيف
Syndrom	متلازمة
Therapie	علاج
Wellness	العافية

Kräuterkunde
الأعشاب

Aromatisch	عطري
Basilikum	ريحان
Blume	زهرة
Dill	شبت
Estragon	الطرخون
Fenchel	الشمرة
Garten	حديقة
Geschmack	نكهة
Grün	أخضر
Knoblauch	ثوم
Kulinarisch	الطهي
Lavendel	خزامى
Majoran	مردقوش
Petersilie	بقدونس
Qualität	جودة
Rosmarin	إكليل الجبل
Safran	زعفران
Thymian	زعتر
Vorteilhaft	مفيد
Zutat	العنصر

Kreativität
الإبداع

Ausdruck	التعبير
Authentizität	أصالة
Bild	صورة
Dramatisch	دراماتيكي
Eindruck	انطباع
Erfinderisch	مبدع
Fähigkeit	مهارة
Flüssigkeit	سيولة
Gefühle	مشاعر
Ideen	الأفكار
Inspiration	الإلهام
Intensität	شدة
Intuition	الحدس
Klarheit	وضوح
Künstlerisch	فني
Phantasie	خيال
Sensation	إحساس
Spontan	عفوية
Visionen	الرؤى
Vitalität	حيوية

Kunst
الفن

Ausdruck	التعبير
Ehrlich	صادق
Einfach	بسيط
Gegenstand	موضوع
Gemälde	لوحات
Inspiriert	ربما
Keramik	سيراميك
Komplex	مركب
Original	أصلي
Persönlich	شخصي
Poesie	شعر
Porträtieren	تصوير
Skulptur	النحت
Stimmung	مزاج
Surrealismus	السريالية
Symbol	رمز
Visuell	بصري
Zusammensetzung	تكوين

Küche
مطبخ

Essen	طعام
Essstäbchen	عيدان
Gabeln	الشوك
Gefrierschrank	مجمد
Gewürze	توابل
Grill	شواية
Kelle	مغرفة
Krug	إبريق
Kühlschrank	ةجالث
Löffel	الملعقة
Messer	سكاكين
Ofen	فرن
Rezept	وصفة
Schürze	مئزر
Schüssel	وعاء
Schwamm	إسفنج
Serviette	منديل
Tassen	أكواب
Wasserkocher	غلاية

Landschaften
المناظر الطبيعية

Berg	جبل
Eisberg	جبل جليد
Fluss	نهر
Geysir	سخان
Gletscher	مثلجة
Golf	الخليج
Halbinsel	شبه جزيرة
Höhle	كهف
Hügel	تل
Insel	جزيرة
Meer	بحر
Oase	واحة
See	بحيرة
Strand	شاطئ
Sumpf	مستنقع
Tal	وادي
Tundra	تندرا
Vulkan	بركان
Wasserfall	الشلال
Wüste	صحراء

Länder #1
البلدان #1

Ägypten	مصر
Brasilien	البرازيل
Deutschland	ألمانيا
Finnland	فنلندا
Indien	الهند
Irak	العراق
Israel	إسرائيل
Italien	إيطاليا
Kambodscha	كمبوديا
Kanada	كندا
Lettland	لاتفيا
Mali	مالي
Nicaragua	نيكاراغوا
Norwegen	النرويج
Polen	بولندا
Rumänien	رومانيا
Senegal	السنغال
Spanien	إسبانيا
Venezuela	فنزويلا
Vietnam	فيتنام

Länder #2
البلدان #2

Albanien	ألبانيا
Äthiopien	إثيوبيا
Frankreich	فرنسا
Griechenland	اليونان
Haiti	هايتي
Irland	أيرلندا
Jamaika	جامايكا
Japan	اليابان
Kenia	كينيا
Laos	لاوس
Liberia	ليبيريا
Mexiko	المكسيك
Nepal	نيبال
Nigeria	نيجيريا
Pakistan	باكستان
Russland	روسيا
Sudan	السودان
Syrien	سوريا
Uganda	أوغندا
Ukraine	أوكرانيا

Literatur
الأدب

Analogie	قياس
Analyse	تحليل
Anekdote	حكاية
Autor	مؤلف
Beschreibung	وصف
Dialog	حوار
Erzähler	الراوي
Fiktion	خيال
Gedicht	قصيدة
Genre	النوع
Metapher	استعارة
Poetisch	شاعري
Reim	قافية
Rhythmus	إيقاع
Roman	رواية
Schlussfolgerung	استنتاج
Stil	نمط
Thema	موضوع
Tragödie	مأساة
Vergleich	مقارنة

Mathematik
الرياضيات

Arithmetik	حساب
Bruchteil	جزء
Dezimal	عشري
Dreieck	مثلث
Durchmesser	قطر
Exponent	أس
Geometrie	هندسة
Gleichung	معادلة
Grad	درجات
Parallel	موازٍ
Polygon	مضلع
Quadrat	مربع
Rechteck	مستطيل
Senkrecht	عمودي
Summe	مجموع
Symmetrie	تناظر
Umfang	محيط
Volumen	صوت
Winkel	زوايا
Zahlen	الأرقام

Meditation
التأمل

Annahme	قبول
Aufmerksamkeit	انتباه
Bewegung	حركة
Dankbarkeit	شكر
Freundlichkeit	اللطف
Frieden	سلام
Gedanken	أفكار
Geistig	عقلي
Glück	سعادة
Klarheit	وضوح
Lehre	تعاليم
Lernen	ليتعلم
Mitgefühl	عطف
Musik	موسيقى
Natur	طبيعة
Perspektive	المنظور
Ruhig	هدوء
Stille	الصمت
Verstand	عقل
Wach	مستيقظ

Menschlicher Körper
جسم الإنسان

Bein	رجل
Blut	دم
Ellbogen	كوع
Finger	اصبع
Gehirn	دماغ
Gesicht	وجه
Hals	رقبة
Hand	يد
Haut	جلد
Herz	قلب
Kiefer	فك
Kinn	ذقن
Knie	ركبة
Knöchel	كاحل
Kopf	رئيس
Mund	فم
Nase	أنف
Ohr	أذن
Schulter	كتف
Zunge	لسان

Messungen
القياسات

Breite	عرض
Byte	بايت
Dezimal	عشري
Gewicht	وزن
Grad	درجة
Gramm	غرام
Höhe	ارتفاع
Kilogramm	كيلوغرام
Kilometer	كيلومتر
Länge	الطول
Liter	لتر
Masse	كتلة
Meter	متر
Minute	دقيقة
Tiefe	عمق
Tonne	طن
Unze	أوقية
Volumen	الصوت
Zentimeter	سنتيمتر
Zoll	بوصة

Mode
أزياء

Anspruchsvoll	متطور
Bescheiden	متواضع
Boutique	بوتيك
Einfach	بسيط
Elegant	أنيق
Kleidung	ملابس
Komfortabel	مريح
Minimalistisch	الحد الأدنى
Modern	حديث
Original	أصلي
Praktisch	عملي
Spitze	الدانتيل
Stickerei	تطريز
Stil	نمط
Stoff	قماش
Tasten	أزرار
Teuer	مكلفة
Textur	جين
Trend	اتجاه

Musik
موسيقى

Album	ألبوم
Aufnahme	تسجيل
Ballade	أغنية
Chor	جوقة
Harmonie	انسجام
Harmonisch	متناسق
Improvisieren	نيحسح
Instrument	أداة
Klassisch	كلاسيكي
Lyrisch	غنائية
Melodie	لحن
Mikrofon	ميكروفون
Musical	موسيقي
Oper	أوبرا
Poetisch	شاعري
Rhythmisch	ايقاعي
Rhythmus	ايقاع
Sänger	المغني
Singen	غنى
Tempo	الإيقاع

Musikinstrumente
آلات موسيقية

Banjo	البانجو
Cello	التشيلو
Fagott	باسون
Flöte	ناي
Geige	كمان
Gitarre	قيثارة
Glockenspiel	الدقات
Gong	ناقوس
Harfe	جنج
Klarinette	مزمار
Klavier	بيانو
Mandoline	مندولين
Mundharmonika	هارمونيكا
Oboe	المزمار
Posaune	الترومبون
Saxophon	ساكسفون
Schlagzeug	قرع
Tamburin	دف صغير
Trommel	طبل
Trompete	بوق

Mythologie
الميثولوجيا

Blitz	برق
Donner	رعد
Eifersucht	غيرة
Held	بطل
Heldin	بطلة
Himmel	السماء
Katastrophe	كارثة
Kreation	خلق
Kreatur	مخلوق
Krieger	محارب
Kultur	ثقافة
Labyrinth	متاهة
Legende	أسطورة
Magisch	سحري
Monster	مسخ
Rache	انتقام
Stärke	قوة
Sterblich	مميت
Unsterblichkeit	خلود
Verhalten	سلوك

Natur
الطبيعة

Arktis	القطب الشمالي
Berge	الجبال
Bienen	النحل
Dynamisch	متحرك
Erosion	تآكل
Fluss	نهر
Friedlich	سلمي
Gletscher	مثلجة
Heiligtum	ملاذ
Heiter	هادئ
Laub	أوراق الشجر
Lebenswichtig	حيوي
Nebel	ضباب
Schönheit	جمال
Schutz	مأوى
Tiere	الحيوانات
Tropisch	استوائي
Wald	غابة
Wild	بري
Wüste	صحراء

Obst
فاكهة

Ananas	أناناس
Apfel	تفاح
Aprikose	مشمش
Avocado	أفوكادو
Banane	موز
Beere	بيري
Birne	كمثرى
Brombeere	بلاك بيري
Grapefruit	الجريب فروت
Himbeere	توت العليق
Kirsche	كرز
Kiwi	كيوي
Kokosnuss	جوز الهند
Melone	شمام
Orange	برتقالي
Papaya	بابايا
Pfirsich	خوخ
Pflaume	برقوق
Traube	عنب
Zitrone	ليمون

Ozean
محيط

Aal	ثعبان
Algen	الطحالب
Auster	محار
Boot	قارب
Delfin	دولفين
Fisch	سمك
Garnele	جمبري
Gezeiten	المد والجزر
Hai	قرش
Koralle	المرجان
Krabbe	سرطان
Krake	أخطبوط
Qualle	قنديل البحر
Salz	ملح
Schildkröte	سلحفاة
Schwamm	إسفنج
Sturm	عاصفة
Thunfisch	تونة
Wal	حوت
Wellen	أمواج

Ökologie
علم البيئة

Art	الأنواع
Berge	الجبال
Dürre	جفاف
Fauna	الحيوانات
Flora	النباتية
Freiwillige	المتطوعون
Gemeinschaft	مجتمعات
Global	عالمي
Klima	مناخ
Lebensraum	الموئل
Marine	البحرية
Nachhaltig	مستدام
Natur	طبيعة
Natürlich	طبيعي
Pflanzen	نباتات
Ressourcen	الموارد
Sumpf	أهوار
Überleben	نجاة
Vegetation	تبن
Vielfalt	تنوع

Pflanzen
النباتات

Bambus	بامبو
Baum	شجرة
Beere	بيري
Blatt	ورقة
Blume	زهرة
Blütenblatt	البتلة
Bohne	فاصوليا
Botanik	علم النبات
Busch	بوش
Dünger	سماد
Efeu	لبلاب
Flora	النباتية
Garten	حديقة
Kaktus	صبار
Kraut	عشب
Laub	أوراق الشجر
Moos	طحلب
Vegetation	نبت
Wald	غابة
Wurzel	جذر

Physik
الفيزياء

Atom	ذرة
Beschleunigung	تسريع
Chaos	فوضى
Dichte	كثافة
Elektron	الكترون
Experiment	تجربة
Formel	معادلة
Frequenz	تردد
Gas	غاز
Geschwindigkeit	سرعة
Magnetismus	المغناطيسية
Masse	كتلة
Mechanik	ميكانيكا
Molekül	مركب
Motor	محرك
Nuklear	نووي
Partikel	جسيم
Relativität	النسبية
Universal	عالمي
Variable	متغير

Psychologie
علم النفس

Bewertung	تقييم
Bewusstlos	فاقد الوعي
Ego	الأنا
Einflüsse	تأثيرات
Erinnerungen	ذكريات
Gedanken	أفكار
Ideen	الأفكار
Kindheit	مرحلة الطفولة
Klinisch	مرضي
Kognition	معرفة
Konflikt	نزاع
Persönlichkeit	شخصية
Problem	مشكلة
Sensation	احساس
Termin	موعد
Therapie	علاج
Träume	أحلام
Verhalten	سلوك
Wahrnehmung	الإدراك
Wirklichkeit	واقع

Regierung
الحكومة

Bezirk	منطقة
Demokratie	ديمقراطية
Denkmal	نصب
Diskussion	نقاش
Freiheit	حرية
Friedlich	سلمي
Führer	زعيم
Gerechtigkeit	عدالة
Gesetz	قانون
Gleichheit	المساواة
Nation	أمة
National	وطني
Politik	سياسة
Rechte	حقوق
Rede	خطاب
Staat	حالة
Symbol	رمز
Unabhängigkeit	استقلال
Verfassung	دستور
Zivil	مدني

Restaurant #2
مطعم رقم 2

Abendessen	عشاء
Eier	بيض
Eis	جليد
Fisch	سمك
Frucht	فاكهة
Gabel	شوكة
Gemüse	خضروات
Getränk	مشروب
Gewürze	توابل
Kellner	النادل
Köstlich	لذيذ
Kuchen	كيك
Löffel	ملعقة
Mittagessen	غداء
Nudeln	المعكرونة
Salat	سلطة
Salz	ملح
Stuhl	كرسي
Suppe	حساء
Wasser	ماء

Säugetiere
الثدييات

Affe	قرد
Bär	يتحمل
Biber	سمور
Elefant	الفيل
Fuchs	فوكس
Giraffe	زرافة
Gorilla	الغوريلا
Hund	كلب
Känguru	كنغر
Kojote	ذئب البراري
Löwe	أسد
Panther	النمر
Pferd	حصان
Ratte	جرذ
Schaf	خروف
Stier	ثور
Tiger	نمر
Wal	حوت
Wolf	ذئب
Zebra	حمار وحشي

Schach
شطرنج

Champion	بطل
Diagonal	قطري
Gegner	الخصم
Klug	ذكي
König	ملك
Königin	ملكة
Lernen	يتعلم
Opfer	تضحية
Passiv	مبني للمجهول
Punkte	النقاط
Regeln	قواعد
Schwarz	أسود
Spiel	لعبه
Spieler	لاعب
Strategie	إستراتيجية
Turnier	مسابقة
Weiss	أبيض
Wettbewerb	منافسة
Zeit	الوقت

Schönheit
بيوتي

Anmut	نعمة
Charme	سحر
Dienstleistungen	خدمات
Duft	عطر
Elegant	أنيق
Eleganz	أناقة
Farbe	اللون
Fotogen	رقيق
Glatt	ناعم
Haut	جلد
Lippenstift	أحمر الشفاه
Locken	تجعيد الشعر
Öle	زيوت
Produkte	منتجات
Schere	مقص
Shampoo	شامبو
Spiegel	مرآة
Stylist	حلاق
Wimperntusche	ماسكارا

Science Fiction
الخيال العلمي

Bücher	الكتب
Chemikalien	مواد كيميائية
Explosion	انفجار
Extrem	متطرف
Fantastisch	رائع
Fern	بعيد
Feuer	نار
Futuristisch	مستقبلية
Geheimnisvoll	غامض
Illusion	وهم
Imaginär	وهمي
Kino	سينما
Orakel	وحي
Planet	كوكب
Realistisch	واقعي
Roboter	الروبوتات
Szenario	السيناريو
Technologie	تقنية
Utopie	يوتوبيا
Welt	العالمية

Sport
رياضة

Athlet	رياضي
Diät	حمية
Ernährung	تغذية
Fähigkeit	القدرة
Gesundheit	الصحة
Joggen	الركض
Knochen	عظام
Körper	جثة
Maximieren	تعظيم
Metabolisch	أيضي
Muskel	العضلات
Programm	برنامج
Radfahren	ركوب الدراجات
Schwimmen	السباحة
Sport	رياضات
Stärke	قوة
Tanzen	الرقص
Trainer	مدرب
Ziel	هدف

Stadt
مدينة

Apotheke	صيدلية
Bank	بنك
Bäckerei	مخبز
Bibliothek	مكتبة
Blumenhändler	منسق زهور
Flughafen	مطار
Galerie	معرض
Hotel	فندق
Kino	سينما
Klinik	عيادة
Markt	سوق
Museum	متحف
Restaurant	مطعم
Salon	صالون
Schule	مدرسة
Stadion	ملعب
Supermarkt	سوبر ماركت
Theater	مسرح
Universität	جامعة
Zoo	حديقة حيوان

Tage und Monate
الأيام والأشهر

August	أغسطس
Dezember	ديسمبر
Dienstag	الثلاثاء
Donnerstag	الخميس
Februar	فبراير
Freitag	الجمعة
Jahr	سنة
Januar	يناير
Juli	يوليو
Juni	يونيو
Kalender	تقويم
Mittwoch	الأربعاء
Monat	شهر
Montag	الاثنين
November	نوفمبر
Oktober	أكتوبر
Samstag	السبت
September	سبتمبر
Sonntag	الأحد
Woche	أسبوع

Tanzen
الرقص

Akademie	الأكاديمية
Anmut	نعمة
Ausdrucksvoll	معبرة
Bewegung	حركة
Choreographie	الكوريغرافيا
Emotion	عاطفة
Freudig	مرح
Haltung	الموقف
Klassisch	كلاسيكي
Körper	جثة
Kultur	ثقافة
Kulturell	ثقافي
Kunst	فن
Musik	موسيقى
Partner	شريك
Probe	بروفة
Rhythmus	إيقاع
Springen	قفز
Traditionell	تقليدي
Visuell	بصري

Technologie
تقنية

Anzeige	عرض
Bildschirm	شاشة
Blog	مدونة
Browser	المتصفح
Bytes	بايت
Computer	الحاسوب
Cursor	المؤشر
Datei	ملف
Daten	البيانات
Digital	رقمي
Forschung	بحث
Internet	إنترنت
Kamera	كاميرا
Nachricht	رسالة
Schriftart	خط
Sicherheit	أمن
Software	برمجيات
Statistik	الإحصاء
Virtuell	افتراضية
Virus	فيروس

Universum
الكون

Asteroid	الكويكب
Astronom	فلكي
Astronomie	علم الفلك
Atmosphäre	الغلاف الجوي
Äquator	خط الاستواء
Breite	خط العرض
Dunkelheit	ظلام
Himmel	سماء
Himmlisch	سماوي
Horizont	أفق
Kosmisch	كوني
Längengrad	خط الطول
Mond	قمر
Orbit	فلك
Sichtbar	مرئي
Solar	شمسي
Sonnenwende	الانقلاب
Teleskop	مقراب
Tierkreis	البروج

Urlaub #2
عطلة #2

Ausländer	أجنبي
Berge	الجبال
Camping	تخييم
Flughafen	مطار
Freizeit	الترفيه
Hotel	فندق
Insel	جزيرة
Karte	خريطة
Meer	بحر
Pass	جواز سفر
Reise	رحلة
Restaurant	مطعم
Strand	شاطئ
Taxi	تاكسي
Transport	النقل
Urlaub	عطلة
Visum	تأشيرة
Zelt	خيمة
Ziel	وجهة
Zug	قطار

Vögel
الطيور

Adler	نسر
Ei	بيضة
Ente	بطة
Eule	بومة
Flamingo	نحام
Gans	أوز
Huhn	دجاج
Krähe	غراب
Kuckuck	الوقواق
Möwe	نورس
Papagei	ببغاء
Pelikan	البجع
Pfau	الطاووس
Pinguin	البطريق
Rabe	الغراب
Reiher	هيرون
Schwan	بجعة
Spatz	عصفور
Storch	اللقلق
Taube	حمامة

Wandern
التنزه

Berg	جبل
Camping	تخييم
Gefahren	المخاطر
Gipfel	قمة
Karte	خريطة
Klima	مناخ
Klippe	جرف
Müde	متعب
Natur	طبيعة
Orientierung	اتجاه
Parks	الحدائق
Schwer	ثقيل
Sonne	شمس
Steine	الحجارة
Stiefel	أحذية
Tiere	الحيوانات
Vorbereitung	تحضير
Wasser	ماء
Wetter	طقس
Wild	بري

Wetter
الطقس

Atmosphäre	الغلاف الجوي
Blitz	برق
Brise	نسيم
Donner	الرعد
Dürre	جفاف
Eis	جليد
Feucht	رطب
Himmel	سماء
Klima	مناخ
Nebel	الضباب
Polar	قطبي
Regenbogen	قوس قزح
Ruhig	هدوء
Sturm	عاصفة
Temperatur	درجة الحرارة
Tornado	إعصار
Trocken	جاف
Tropisch	استوائي
Wind	ريح
Wolke	سحابة

Wissenschaftliche Disziplinen
التخصصات العلمية

Anatomie	تشريح
Archäologie	علم الآثار
Astronomie	علم الفلك
Biologie	بيولوجيا
Botanik	علم النبات
Chemie	كيمياء
Geologie	جيولوجيا
Immunologie	علم المناعة
Kinesiologie	علم الحركة
Linguistik	لسانيات
Mechanik	ميكانيك
Mineralogie	علم المعادن
Neurologie	علم الأعصاب
Ökologie	علم البيئة
Physik	الفيزياء
Physiologie	فيزيولوجيا
Psychologie	علم النفس
Robotik	الروبوتات
Soziologie	علم الاجتماع
Zoologie	علم الحيوان

Zahlen
أرقام

Acht	ثمانية
Achtzehn	ثمانية عشر
Dezimal	عشري
Drei	ثلاثة
Dreizehn	ثلاثة عشر
Fünf	خمسة
Fünfzehn	خمسة عشر
Neun	تسعة
Neunzehn	تسعة عشر
Null	صفر
Sechs	ستة
Sechzehn	ستة عشر
Sieben	سبعة
Siebzehn	سبعة عشر
Vier	أربعة
Vierzehn	أربعة عشر
Zehn	عشرة
Zwanzig	عشرون
Zwei	اثنان
Zwölf	اثنا عشر

Zeit
الوقت

Früh	مبكرا
Gestern	أمس
Heute	اليوم
Jahr	سنة
Jahrhundert	قرن
Jahrzehnt	العقد
Jährlich	سنوي
Jetzt	الآن
Kalender	تقويم
Minute	دقيقة
Mittag	وقت الظهيرة
Monat	شهر
Morgen	صباح
Nach	بعد
Nacht	الليل
Stunde	ساعة
Tag	يوم
Vor	قبل
Woche	أسبوع
Zukunft	مستقبل

Zu Füllen
للتعبئة

Becken	حوض
Box	علبة
Eimer	دلو
Fass	برميل
Flasche	زجاجة
Karton	كرتون
Kiste	قفص
Koffer	حقيبة سفر
Korb	سلة
Krug	جرة
Mappe	مجلد
Paket	حزمة
Rohr	أنبوب
Schiff	وعاء
Schublade	الدرج
Tablett	صينية
Tasche	جيب
Umschlag	مغلف
Vase	زهرية

Gratuliere

Sie haben es geschafft !!

Wir hoffen, dass euch dieses Buch genauso viel Spaß gemacht hat wie uns dessen Herstellung. Wir tun unser Bestes, um qualitativ hochwertige Spiele zu erfinden. Diese Rätsel sind auf eine clevere Art und Weise entworfen, damit sie aktiv lernen und daran Vergnügen finden.

Hat ihnen das Buch gefallen ?

Eine einfache Bitte

Unsere Bücher existieren dank der Rezensionen, die sie veröffentlichen. Können sie uns helfen indem sie jetzt eine Meinung hinterlassen ?

Hier ist ein kurzer Link, der Sie zu ihrer Bewertungsseite führt

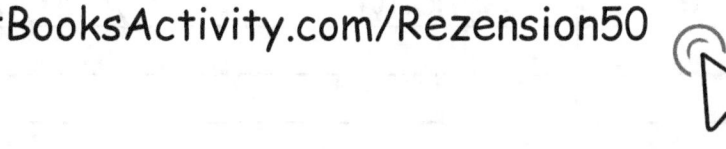

BestBooksActivity.com/Rezension50

MONSTER HERAUSFÖRDERUNGEN !

Herausförderung 1

Bereit für ihr Bonusspiel? Wir verwenden sie ständig, aber sie sind nicht einfach zu finden. Es sind die Synonyme !

Notieren sie 5 Wörter, die sie in den untenstehenden Rätseln (Nummer 21, 36 und 76) entdeckt haben und versuchen sie für jedes Wort 2 Synonyme zu finden .

Notieren sie 5 Wörter aus *Rätsel 21*

Wörter	Synonym 1	Synonym 2

Notieren sie 5 Wörter aus *Rätsel 36*

Wörter	Synonym 1	Synonym 2

Notieren sie 5 Wörter aus *Rätsel 76*

Wörter	Synonym 1	Synonym 2

Herausförderung 2

Jetzt, wo sie warm sind, notieren sie 5 Wörter, die sie in jedem der untenaufgeführten Rätseln entdeckt haben (Nummer 9, 17 und 25) und versuchen sie für jedes Wort 2 Antonyme zu finden. Wie viele davon können sie binnen 20 Minuten finden ?

*Notieren sie 5 Wörter aus **Rätsel 9***

Wörter	Antonym 1	Antonym 2

*Notieren sie 5 Wörter aus **Rätsel 17***

Wörter	Antonym 1	Antonym 2

*Notieren sie 5 Wörter aus **Rätsel 25***

Wörter	Antonym 1	Antonym 2

Herausförderung 3

Wunderbar, diese Monster Herausförderung 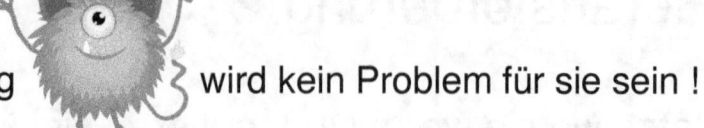 wird kein Problem für sie sein !

Bereit für die letzte Herausförderung? Wählen sie ihre 10 Lieblingswörter aus, die sie in einem Rätsel entdeckt haben und notieren sie sie unten.

1.	6.
2.	7.
3.	8.
4.	9.
5.	10.

Die Aufgabe besteht nun darin mit diesen Wörtern und in maximal sechs Sätzen einen Text herzustellen über eine Person, ein Tier oder ein Ort den sie lieben !

Tipp : sie können die letzten leeren Seiten dieses Buches als Entwurf verwenden

Ihr Schreiben :

_____

_____

_____

_____

_____

_____

_____

NOTIZBUCH :

AUF BALDIGES WIEDERSEHEN !

Linguas Classics

KOSTENLOSE SPIELE GENIESSEN

GO

↓

BESTACTIVITYBOOKS.COM/FREEGAMES